Denise Ritter

Logbuch Lebensentwürfe gestalten

»Jeder Mensch hat ein Leben.
Der Sinn ist, es zu gestalten.«
Denise Ritter

Denise Ritter

Logbuch Lebensentwürfe gestalten

Das Reinschreibbuch

Mit Online-Materialien

Haftungsausschluss: Alle vorgestellten Konzepte sind nur Anregungen, die von Fachpersonen nach eigenem Ermessen im Rahmen gesetzlicher Vorschriften genutzt und/oder variiert werden sollten. Autorin und Verlag übernehmen keinerlei Haftung.

Dieses Buch ist erhältlich als:
ISBN 978-3-407-36763-1 Print
ISBN 978-3-407-36772-3 E-Book (PDF)

1. Auflage 2023

in der Verlagsgruppe Beltz • Weinheim und Basel
Werderstraße 10, 69469 Weinheim

Lektorat: Ingeborg Sachsenmeier
Illustrationen Innenteil: Denise Ritter
Umschlaggestaltung: Jonathan Bachmann und Michael Matl

Herstellung und Satz: Jenny Pötzsch
Druck und Bindung: Beltz Grafische Betriebe GmbH, Bad Langensalza
Beltz Grafische Betriebe ist ein klimaneutrales Unternehmen (ID 15985-2104-100).
Printed in Germany

Weitere Informationen zu unseren Autor:innen und Titeln finden Sie unter:
www.beltz.de

Inhaltsverzeichnis

Teil 1: Lebensentwürfe coachen mit dem 6E-Modell

Einführung

Lebensentwürfe sind schöpferisch und wegweisend. Sie bilden seit vielen Jahren den Schwerpunkt meiner Arbeit. Ich liebe es, mit Menschen Lebensentwürfe zu entwickeln und zu gestalten. Warum sind sie so wertvoll?

- Sie skizzieren, wie Menschen ihr Leben am liebsten leben – also gestalten und erfahren – möchten.
- Sie unterstützen die persönliche Selbstverwirklichung, Potenzialentfaltung und Weiterentwicklung.
- Sie eröffnen neue Gestaltungsräume. Sie fördern die Selbstbestimmung.

Gleichzeitig sind und bleiben Lebensentwürfe – ich würde sagen: zum Glück – immer dynamische Prototypen, persönliche Lebensleitbilder, kreative Entwürfe, um zu leben. Im »Mini-Handbuch Lebensentwürfe coachen« (2021) beschreibe ich die wichtigsten Grundlagen des 6E-Modells, das ich für Coachings und die psychotherapeutische Arbeit entwickelt habe, um mit Klientinnen und Klienten an deren Lebensentwurf arbeiten zu können. Mithilfe des Kartensets »75 Coachingkarten Den eigenen Lebensentwurf gestalten« (2020) können Sie unterschiedliche Blickwinkel auf Lebensentwürfe einnehmen und im Coaching, in der Therapie oder der Beratung wichtige Lebensthemen und Fragen kreativ bearbeiten. Auf der Kartenvorderseite finden Sie dazu Fotomotive mit unüblichen, teilweise provokativen Wortkreationen und auf der Rückseite unterstützen inspirierende Fragen den Coachingprozess.

In diesem Logbuch teile ich nun praktische Anregungen und Arbeitsmittel mit Ihnen, sodass Sie wirkungsvoll an Lebensentwürfen arbeiten können. Sie können neue Entwürfe ausarbeiten oder bestehende anpassen und transformieren. Letztlich geht es darum, dass Sie Ihr Leben (wieder) selbstverantwortlich und selbstwirksam führen können, mit einem hohen Maß an Ausgewogenheit und persönlicher Zufriedenheit.

Mit dem 6E-Modell bekommen Sie ein nützliches Grundgerüst an die Hand. Gleichzeitig stellt es in der metakognitiven Betrachtung einen wichtigen Orientierungsrahmen dar. Ich werde das Modell in komprimierter Form vorstellen, bevor Sie schließlich passende Fragen und Übungen zu den beschriebenen sechs Phasen an die Hand bekommen.

Bei den Übungen können Sie zwischen verschiedenen Aktivitätstypen wählen.

Wahrnehmen und Reflektieren

Entwerfen und gestalten

Erfahren und erleben

Die vorgestellten Übungen müssen weder vollständig noch in dieser Reihenfolge bearbeitet werden. Am besten gestalten Sie Ihren eigenen Mix und ergänzen auch eigene, bewährte Methoden. Ich arbeite selbst mit einem breiten Fundus und kann im Buch und in den Online-Materialien nur eine geeignete Auswahl präsentieren.

Lebensentwürfe zu coachen erfordert Feingefühl und Kreativität. Wenn Sie möchten, lassen Sie mich gern teilhaben an Ihren Erfahrungen oder besuchen Sie meine Workshops, um weiter in dieses spannende Thema einzutauchen.

Ich erlebe immer wieder, dass vor allem Mut, Entschlossenheit und Selbstvertrauen notwendig sind, um sich und sein Leben neu auszurichten. Gleichzeitig ist es das wundervollste Geschenk an sich selbst.

»Das Leben ist gestaltbar – von mir.« Auf dieser zentralen Erkenntnis basiert die Arbeit mit dem eigenen Lebensentwurf. Sie ist die Initialzündung und die Basis für den gesamten Prozess.

In diesem Sinne wünsche ich Ihnen und Ihren Coachees viele heitere, befreiende und bewegende Momente.

Denise Ritter

P. S. Sie können dieses Logbuch für sich selbst durcharbeiten und Ihre Erkenntnisse hineinschreiben und/oder an Ihre Klientinnen und Klienten weitergeben. Außerdem erhalten Sie bei den Online-Materialien weitere Übungen für die einzelnen Phasen.

Das 6E-Modell

Menschen, die ins Coaching, in die Therapie oder die Beratung kommen, möchten sich persönlich weiterentwickeln. Sie möchten ihre Lebensgestaltung verändern. Das gilt ebenso für diejenigen, die dieses Logbuch für sich selbst durcharbeiten. Wichtige Fragen für den Start sind:

- Wie will ich in Zukunft leben?
- Was erfüllt mich?
- Was macht mich glücklich?
- Was ist für mich wichtig?
- Wie will ich Herausforderungen begegnen?

Der Lebensentwurf ist die individuelle, kreative Antwort auf diese Fragen. Er umreißt das persönlich Gewünschte, Lebenswerte und Sinnhafte. Er umreißt, welche Lebenssituation und -erfahrung in Anbetracht bestimmter Bedürfnisse und Lebensumstände angestrebt wird. Er repräsentiert das innere Bild, die innerliche Vorstellung, wie »Leben« aussehen und gelingen kann. Das motiviert, das eigene Leben gemäß dieser neuen Konzeption proaktiv und selbstbestimmt zu gestalten. Dabei ist er kein statisches, zwingendes Fixum, sondern eine variable Konzeption, die lebendig ausgestaltet und im Laufe der Zeit immer wieder flexibel angepasst und verändert werden kann. Kurz gesagt: Der Lebensentwurf ist wandlungsfähig, so wie der Mensch und das Leben selbst.

Denn: Wenn Menschen planen, dann in der Regel, um etwas zu verändern.

Das 6E-Modell fördert diesen transformativen Prozess. Es leitet durch alle wichtigen Phasen der Veränderung und hilft, einen individuellen Mix aus Maßnahmen und Strategien zu erarbeiten, die die persönliche Weiterentwicklung fördern und die Lebensqualität und -zufriedenheit in wesentlichen Punkten verbessern. Mithilfe dieses Modells lassen sich eigene Potenziale erkennen und ausschöpfen. Es hilft, auch in Krisenzeiten Herausforderungen zu wagen und eigenverantwortlich neue Wege zu gestalten.

Gemäß meinem Coachingmodell erstreckt sich die Gestaltung des eigenen Lebensentwurfs über einen Zyklus mit sechs Phasen:

- Entdecken
- Erkennen
- Erfinden
- Entscheiden
- Entwickeln
- Erleben

Diese Phasen laufen innerhalb des persönlichen Rahmens ab. Dieser Rahmen wird sowohl von individuellen Voraussetzungen (zum Beispiel psychisch, physisch, biografisch) als auch von äußeren Faktoren und Umständen (zum Beispiel wirtschaftlich, geografisch, sozial) bestimmt. Somit ist die Gestaltung des Lebensentwurfs ein komplexer Vorgang. Er wird in Beziehung zum Selbst und in Wechselbeziehung zur Umwelt, zu anderen Menschen, Lebewesen und der Gesellschaft als Ganzes kreiert.

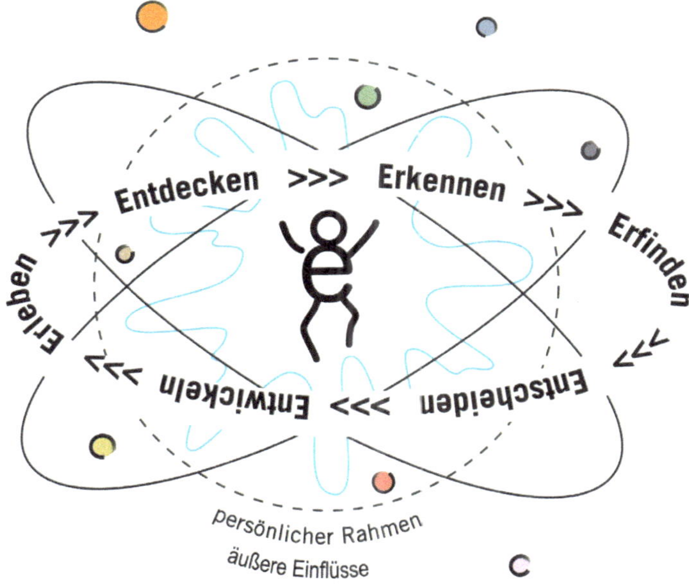

Das 6E-Modell

Im Folgenden präsentiere ich Ihnen ein neues, zeitgemäßes Verständnis von Lebensentwürfen und stelle diese den mittlerweile überholten, klassischen Lebensplanungen gegenüber. Ich empfehle Ihnen, sich damit gründlicher zu befassen, bevor Sie in die praktische Arbeit einsteigen und beginnen, Lebensentwürfe zu coachen oder an Ihrem eigenen Lebensentwurf zu arbeiten. Ansonsten kann es passieren, dass unerfüllbare Erwartungen an einen Lebensentwurf gestellt werden, die nicht mehr in diese Zeit passen, in der sich so vieles rapide verändert. Hier ein erster Überblick:

Lebensplan versus Lebensentwurf		
	Lebensplan	Lebensentwurf
Konzept	• Plan des Lebens, Plan fürs Leben • statisch, geschlossen, bindend • möglichst keine oder nur unbedingt notwendige Anpassungen • häufig an gesellschaftlichen Normen ausgerichtet • traditionelle, klassische Lebensverläufe • wichtige Pfeiler: generelle Lebensgestaltung, biografische »Meilensteine«, berufliche Erfolge, soziale Rollen und Status, wichtige Lebensereignisse, Lebensumwelt, Verbesserung des Lebensstils	• Entwurf zum Leben, Entwurf, um zu leben • dynamisch, offen, flexibel • beständige (fluide) Anpassung, Veränderung, Transformation • sinn-, wert- und bedürfnisorientiert • individuelle und zum Teil disruptive Lebensverläufe • wichtige Pfeiler: Selbstverwirklichung (ganzheitlich, alltäglich sowie spezifisch) und Potenzialentfaltung, innerpsychische Vorgänge, Wert und Sinnhaftigkeit des eigenen Lebens, Umweltbezug (co-kreativ)
Erwartung/ Einstellung	Mein Leben soll verlaufen, wie ich es mir vorstelle und geplant habe.	Ich gestalte mein Leben proaktiv und selbstwirksam.

Lebensplan versus Lebensentwurf		
Fokus	Haben … Erreichen … Schaffen …	Sein … Gestalten … Erleben …
Eigen- schaften	rationale, fixe Vorstellung und Konzeption überwiegend quantitative Elemente	intuitive Vorstellung, variable Konzeption Mix aus qualitativ und quantitativ

Den eigenen Lebensentwurf zu gestalten bedeutet demnach, sich immer wieder neu zu erfinden und kreativ und schöpferisch mit komplexen Entwicklungen umzugehen.

Weitere Gedanken und Ausführungen zu einem neuen Verständnis des Begriffs finden Sie im »Mini-Handbuch Lebensentwürfe coachen« (2021).

Vielleicht möchten Sie an dieser Stelle kurz innehalten und überlegen, welchen Prämissen oder Grundannahmen Sie in der Gestaltung Ihres Lebens bisher folgten. Worauf lag Ihr Fokus?

…………………………………………………………………………………………

…………………………………………………………………………………………

…………………………………………………………………………………………

…………………………………………………………………………………………

…………………………………………………………………………………………

…………………………………………………………………………………………

…………………………………………………………………………………………

…………………………………………………………………………………………

Die sechs Phasen des 6E-Modells

Erste Phase: Entdecken. In dieser Phase wird der Status quo erforscht. Das bedeutet: Sie nehmen die aktuelle Lebenswirklichkeit und Lebenszufriedenheit wahr, reflektieren das Leben als Ganzes, in seiner Gesamtheit und Beschaffenheit, aber auch im Speziellen, indem einzelne Lebensbereiche oder bestimmte Themen herausgegriffen und näher betrachtet werden. So wird die gegenwärtige Lebenssituation ganz bewusst wahrgenommen. Dabei wird auch nach Gestaltungsräumen Ausschau gehalten und es werden Entwicklungspotenziale und Ressourcen ausfindig gemacht. In dieser Phase stellen sich Fragen wie:

- Wie zufrieden bin ich mit meiner persönlichen Entwicklung? Mit meiner Lebensweise? Mit der Lebensausrichtung?
- Wie ist mein Lebensgefühl? Wie fühlt sich meine Lebensenergie an?
- Wie erlebe ich mich als Gestalter beziehungsweise Gestalterin meines eigenen Lebens?
- In welchen Lebensbereichen fühle ich mich kreativ, klar und frei? Und wo fehlen mir diese Kreativität, die Klarheit und die Freiheit?
- Mit welchen Herausforderungen habe ich zu tun?
- Wo gibt es anhaltende oder wiederkehrende Schwierigkeiten, Widerstände, Ängste oder Konflikte?
- Welche Ideen, Bedürfnisse, Möglichkeiten oder Erfordernisse beschäftigen mich?
- Wo sind Potenziale und Perspektiven?

Zweite Phase: Erkennen. Eine Veränderung ist notwendig, sinnvoll und/oder gewollt. Worum geht es genau? In dieser Phase ist es wichtig, Klarheit über die Herausforderungen, die anstehenden Entwicklungsaufgaben und Bedürfnisse zu bekommen. Das bedeutet: Sie beziehungsweise Ihre Coachees stellen sich innerlich auf einen Lebenswandel ein und entwickeln persönliche Motivation und Verantwortungsbereitschaft, um sich und das eigene Leben proaktiv neu auszurichten.

- Inwieweit will (oder muss) ich meine Lebensgestaltung verändern?
- Welche Veränderung(en) oder Entwicklung(en) wünsche ich mir zutiefst?
- Welche innere Veränderung steht an?
- Welche äußere Veränderung steht an?

- Was will ich in meinem Leben fühlen, gestalten, erleben?
- Welche Lebenswirklichkeit wünsche ich mir?
- Was will ich wirklich anders oder gar nicht mehr?
- Welche Lebensbereiche werden tangiert?
- Welche Fehler oder Versäumnisse muss ich mir möglicherweise eingestehen?
- Wo gilt es jetzt Selbstverantwortung zu entwickeln?
- Wie groß ist mein Zutrauen in mich?
- Wie steht es um meine Ressourcen?

Dritte Phase: Erfinden. In dieser Phase werden Chancen und Möglichkeiten mutig ausgelotet. Die kreative Beschäftigung mit verschiedenen Lebensmodellen und alternativen Szenarien steht im Mittelpunkt. Dadurch ergeben sich neue Perspektiven und Ideen für Veränderungen. So lassen sich Werte ermitteln beziehungsweise überprüfen und eine erste Vision wird formuliert.

- Welche Möglichkeiten habe ich, mein Leben zu verändern?
- Was ist meine Lebensvision?
- Wie will ich leben?
- Wer möchte ich sein?
- Was kann ich mir für mich und mein Leben im besten Sinne vorstellen?
- Welche Ideen und Einfälle tauchen auf?
- Welche Chancen, Perspektiven und Möglichkeiten sehe ich?
- Welche Entwicklung wäre möglich?
- Was ist mein mutigster Entwurf für mich und mein Leben in Zukunft?

Vierte Phase: Entscheiden. In dieser Phase wird gezielt an der Entscheidung gearbeitet, in welche Richtung es in Zukunft tatsächlich gehen soll. Widerstände und störende Selbstzweifel können überwunden werden. Der eigene Lebensentwurf wird skizziert und nimmt Gestalt an.

- Um welche Transformation geht es?
- Was fokussiere ich?
- Welche Entwicklung(en) oder Veränderung(en) strebe ich an?
- Wie will ich meine Ressourcen einsetzen?
- Was soll durch mich in meinem Leben entstehen?
- Was will ich tatsächlich erschaffen und gestalten?
- Welche Herausforderungen nehme ich an?
- Was ist mein Entwurf, um zu leben?

Fünfte Phase: Entwickeln. Hier geht es an die praktische Gestaltung des Lebensentwurfs: Werte, Kenntnisse, Kompetenzen, Weiterentwicklung, Ressourcen, Modifikation von Denken, Fühlen und Verhalten, Überwinden biografischer Prägungen und Muster, Kommunikation, Konfliktlösung, strukturelle Veränderungen, Gewohnheiten, Selbstmanagement, aktives Umsetzen, Experimentieren, Erfahrungen sammeln. Die Konzentration in dieser Phase liegt auf einem Mix aus Aktivitäten und To-dos.

- Was sind zentrale Aufgaben?
- Welchen Mix aus persönlichen Vorhaben und Aktivitäten strebe ich an?
- Was will ich in nächster Zeit konkret realisieren, unternehmen, tun?
- Was sind die wichtigsten – proaktiven – Schritte, Maßnahmen und Aktivitäten?
- Was will ich innerlich auflösen oder verändern?
- Was will ich in Beziehung zu mir selbst lernen und üben?

Sechste Phase: Erleben. In dieser Phase geht es um bewusstes Wahrnehmen und Erfahren der persönlichen Transformation, um Integration und Adaption. Sie erkunden und erspüren die neue Lebenssituation. Sie sind präsent in der eigenen Lebensgestaltung und gelangen zu wertvollen Einschätzungen, Erkenntnissen und neuen Ansatzpunkten für die weitere Lebensführung.

- Wie entwickelt sich mein Leben?
- Wie ist mein Leben?
- Wie lebe ich jetzt?
- Was hat sich in meiner Lebenswirklichkeit verändert?
- Wie ist mein Lebensgefühl?
- Wie habe ich mich entwickelt?
- Welche neuen Erkenntnisse, Erfahrungen, Fähigkeiten ... habe ich gewonnen?
- Was (er)lebe ich?
- Was genieße ich?
- Was erfordert viel Energie und Aufmerksamkeit?
- Wo sind Reibungspunkte, Schmerzpunkte oder Widerstände?
- Wo sehe ich noch Potenzial, Raum für Entwicklung?
- Welche neuen Ideen oder Perspektiven zeichnen sich ab?
- Wo will ich weiter ansetzen, gestalten?

Entdecken – Erkennen – Erfinden – Entscheiden – Entwickeln – Erleben. Diese sechs Phasen werden immer wieder durchlaufen: auf unterschiedlichen Ebenen, im Leben als Ganzes und in einzelnen Lebensbereichen. Sie sind fundamental für die Gestaltung und das Coachen von Lebensentwürfen.

Dabei stellt der Lebensentwurf keinen Plan für das Leben dar, sondern einen bewussten Entwurf, um zu leben. Er ist prototypisch und fördert die kreative, selbstbestimmte, sinn- und werteorientierte Lebensgestaltung. Er ist also kein zu erzielendes »Endprodukt«, sondern Orientierungshilfe, Wegweiser und Leitbild für die Zukunft. Er verbindet Mikro- und Makroebene ganz praktisch. Er ist lebendig im Sinne von fluid, wandlungsfähig.

Im besten Fall wird der eigene Lebensentwurf beständig angepasst, erprobt und weiterentwickelt. Er kann jederzeit erneuert werden, wenn innere oder äußere Umstände es nahelegen oder erfordern.

Dabei muss der Lebensentwurf niemals »vollkommen« sein. Es darf unklare Bereiche, offene Fragen und Unstimmigkeiten geben. Ein Lebensentwurf lässt Raum für Entwicklung. Für Unerwartetes. Unberechenbares. Wundervolles.

Lebensgestaltung ist und bleibt ein iterativer Prozess. Folglich ist auch die Gestaltung des Lebensentwurfs eine lebenslange, wiederkehrende Angelegenheit und Aufgabe. Es ist eine Herausforderung, der wir uns mit Begeisterung und Hingabe widmen können. Um zu leben, müssen wir uns immer wieder mutig und neu einlassen, persönliche Chancen und Möglichkeiten ausloten. Zweifelsohne ist dazu ein gewisses Grundvertrauen in sich selbst und in das Leben notwendig.

Das Logbuch begleitet diesen Weg und bietet Raum für neue Entwürfe. Entwürfe zum Leben. Entwürfe, um zu leben.

Schauen Sie sich zum Einstieg die beschriebenen sechs Phasen des 6E-Modells an und beginnen Sie diesen Prozess mit der ersten Übung. Die Übungen formuliere ich ganz bewusst in der Du-Ansprache.

Einstiegsübung

Was wird dir durch das 6E-Modell bewusst?

....

....

....

In welchem Prozess beziehungsweise welchen Prozessen befindest du dich?

....

....

....

Vor welchen Aufgaben oder Herausforderungen stehst du?

....

....

....

Welche Entwicklungen oder Übergänge stehen möglicherweise bevor?

....

....

....

Wo willst du in deinem Leben neu ansetzen?

....

....

Was willst du konkret erreichen, gestalten beziehungsweise verändern?

……………………………………………………………………………………………

……………………………………………………………………………………………

……………………………………………………………………………………………

Welche unerfüllten Sehnsüchte, Träume oder Herzenswünsche gibt es?

……………………………………………………………………………………………

……………………………………………………………………………………………

……………………………………………………………………………………………

In welchen Bereichen oder an welchen Punkten stagniert deine Lebensgestaltung? Wie zeigt sich das?

……………………………………………………………………………………………

……………………………………………………………………………………………

……………………………………………………………………………………………

Was meinst du: Wie behinderst oder blockierst du zurzeit selbst die Entwicklung und Gestaltung deines eigenen Lebensentwurfs?

……………………………………………………………………………………………

……………………………………………………………………………………………

……………………………………………………………………………………………

Was willst du dahingehend gern verändern?

……………………………………………………………………………………………

……………………………………………………………………………………………

Was wünschst du dir von einem neuen Lebensentwurf? Vervollständige den Satz: Er sollte mir ermöglichen ...

....

....

....

Im zweiten Teil gibt es zu jeder Phase spezielle Tools und Übungen, die Stück für Stück durchgearbeitet werden können. Jede Phase beginnt mit einem Quick-Check. Dich als Übenden spreche ich ab hier mit »Du« an.

Die Online-Materialien

Unter www.beltz.de erhältst du beim »Logbuch Lebensentwürfe gestalten« in den Online-Materialien Vorlagen, mit denen du arbeiten kannst, sowie weitere Übungen und zudem noch Audiodateien.
Einfach auf dieser Seite nach unten scrollen und den Code eingeben, der auf Seite 222 steht.

Teil 2: Tools und Übungen zu den sechs Phasen

Phase 1: Entdecken

Quick-Check

Quick-Check: Lebensentwurf und Lebensgestaltung	trifft voll zu	trifft eher zu	trifft eher nicht zu	trifft nicht zu
Insgesamt bin ich mit meiner aktuellen Lebenssituation sehr zufrieden.				
Ich bin sehr glücklich, so wie ich lebe.				
Mein Leben ist sinnhaft und erfüllt.				
Mein Leben ist ausgewogen.				
Ich gestalte mein Leben selbstbestimmt und proaktiv.				
Mein Lebensgefühl ist positiv.				
Meine Lebensgestaltung folgt klaren Werten.				
Ich weiß, wer ich bin und wie ich leben möchte.				
Meine Lebensgestaltung beruht auf einem Lebensentwurf.				
Ich habe eine klare Vision für mein Leben in Zukunft.				
Ich weiß, wie ich mein Leben gestalten will.				

Quick-Check: Lebensentwurf und Lebensgestaltung	trifft voll zu	trifft eher zu	trifft eher nicht zu	trifft nicht zu
Ich kann mich in meinem Leben selbst entfalten.				
Ich fühle mich in meiner Lebensgestaltung schon seit längerer Zeit über- beziehungsweise unterfordert.				
Ich fühle mich lebendig.				
Ich habe genug Zeit und Raum für Dinge, die mir wichtig sind.				
Ich kann mich in meinem Leben kreativ betätigen.				
Konflikte kann ich reif lösen.				
Es gibt in puncto Lebensgestaltung Fragen und Themen, die mich belasten.				
Ich stehe vor großen Herausforderungen.				
Ich traue mir weitreichende Veränderungen zu.				
Ich wünsche mir Veränderungen in mehreren Lebensbereichen.				
Umbrüche und Neuanfänge stressen mich.				
Es fällt mir leicht, mich flexibel auf ungeplante Entwicklungen einzustellen.				
Mit Widerständen und Selbstzweifeln möchte ich in Zukunft anders umgehen können.				

Quick-Check: Lebensentwurf und Lebensgestaltung	trifft voll zu	trifft eher zu	trifft eher nicht zu	trifft nicht zu
Ich bin offen für neue Erfahrungen.				
Ich habe Lust, mich persönlich weiterzuentwickeln.				
Ich will mich beruflich und/oder privat neu orientieren.				
Mein Umfeld wünscht sich Veränderungen.				
Ich habe konkrete Ideen für neue Projekte und Vorhaben.				
Wegweisende Entscheidungen fallen mir schwer.				
Ich schiebe Wichtiges hinaus.				
Chancen, mich und mein Leben weiterzuentwickeln, ergreife ich gern.				
Ich glaube an mich.				
Ich weiß, mein Leben entwickelt sich positiv.				
Ich freue mich auf mein Leben in Zukunft.				

Was wird dir, nachdem du diese Sätze bewertet hast, bewusst?

....

....

....

Was ist für dich die wichtigste Erkenntnis?

....

....

....

Was möchtest du nun genauer betrachten oder vertiefen?

....

....

....

Was ist momentan dein größter Wunsch für dich und dein Leben?

....

....

....

In welchem Bereich wünschst du dir die größte Veränderung? Inwiefern?

....

....

....

Formuliere es einmal mutig: Was wäre das erdenklich Beste oder Erfreulichste, das passieren kann?

....

....

....

Wo siehst du persönlich die größte Herausforderung?

....

....

....

Ganz konkret: Wie kann dich eine andere Person – zum Beispiel ein Coach – am besten unterstützen?

....

....

....

Was fällt dir spontan ein, wenn du »Lebensentwurf« hörst? Wie ist deine innere Haltung?

....

....

....

Was ist darüber hinaus möglicherweise noch wichtig?

....

....

....

Jeder Lebensentwurf beginnt mit einem (inneren) Bild. Sei mutig! Male nun dein erstes Bild, das dir dazu jetzt ganz spontan in den Sinn kommt.

Mobile of Life®

Das Mobile of Life® – auch Lebensmobile genannt – beruht auf den Annahmen, dass

- im Leben alles miteinander verbunden ist,
- die Gestaltung des eigenen Lebens eine vielfältige und komplexe Aufgabe ist, die verschiedenen Anforderungen und Einflüssen unterliegt,
- Menschen sich in der Gestaltung ihres Lebens selbstbestimmt entfalten möchten und Ausgewogenheit und Erfüllung anstreben,
- die Art und Weise, wie wir das Leben als Ganzes, aber auch einzelne Bereiche gestalten und erfahren, unser Lebensgefühl und unsere Lebensqualität bestimmen,
- es einen engen Zusammenhang zwischen Lebensgestaltung und innerem Narrativ gibt,
- Ungleichgewichte Anregungen bieten, sich und die eigene Lebensweise weiterzuentwickeln,
- Veränderungen in einem Bereich auch Veränderungen in anderen Bereichen nach sich ziehen,
- Leben sich permanent wandelt und uns selbst auch immer wieder dazu anhält und einlädt.

Mobile of Life®

Die Arbeit mit dem Mobile of Life® erstreckt sich auf zwei Phasen. Für die Durchführung empfehle ich ein Zeitfenster von 180 Minuten. Die Arbeit kann in zwei Etappen aufgeteilt werden.

In der ersten Phase geht es um das Abbilden, Erkennen und Reflektieren der gegenwärtigen, persönlichen Lebenswirklichkeit (= Lebensmobile 1). Schieflagen und Ungleichgewichte im eigenen Leben werden transparent. Außerdem wird das innere Narrativ, auf dem die eigene Lebensgestaltung beruht, herausgearbeitet. Persönliche Konflikte und Herausforderungen werden deutlich.

In der zweiten Phase wird ein neues Narrativ entwickelt. Daraus ergeben sich neue Perspektiven, Lösungsansätze und Gestaltungsmöglichkeiten. Ein neuer Lebensentwurf für die Zukunft (= Lebensmobile 2) wird gestaltet. Widerstände, sich innerlich wie äußerlich neu auszurichten und weiterzuentwickeln, werden spielend überwunden. Die Erfahrung motiviert erheblich dazu, das eigene Leben zu verändern und es tatsächlich aktiv in die angedachte Richtung zu lenken.

Du kannst nun Schritt für Schritt dein eigenes Mobile of Life entwerfen. Verwende dazu die folgenden Seiten. Du kannst dir dazu auch ein Notizheft zulegen, zum Beispiel im A4-Format.

Phase 1: Mobile of Life® – Gegenwart

Schritt 1: Ist-Kreise zeichnen. Bitte bilde dein gegenwärtiges Leben in Form von gemalten Kreisen (= Ist-Kreise) ab. Jeder Kreis soll für einen Lebensbereich (zum Beispiel Arbeit, Familie, Sport, Finanzen …) oder einen Lebenskomplex stehen. Mit Lebenskomplex ist ein Verbund von Aktivitäten gemeint, die sich auf ein spezielles Vorhaben, eine bestimmte Entwicklung, einen Zustand oder ein Ziel konzentrieren und sich einem Lebensbereich nur schwer zuordnen lassen. Zum Beispiel: Kreativität, Me-Time, Promotion oder Umzug. Du entscheidest selbst, welche Bereiche oder Komplexe du in die Darstellung einfließen lässt.

Wie du die jeweiligen Kreise benennst und anordnest, und welche Farben du für die Darstellung wählst, steht dir völlig frei. Achte aber bitte darauf, dass die Größe der Kreise und ihr Verhältnis zueinander deine Lebenswirklichkeit möglichst genau widerspiegeln.

Investierst du zum Beispiel viel Lebenszeit in die Arbeit und vergleichsweise wenig Zeit in Freundschaften, so zeichne bitte für die Arbeit einen großen Kreis und für Freundschaften einen kleineren Kreis.

Zeichne nun auf Seite 40 dein aktuelles Mobile of Life®. Wenn du magst, kannst du die Seite auch bei den Online-Materialien ausdrucken, deine Ideen aufzeichnen und dann im Logbuch dein Ergebnis festhalten.

Bevor du zum nächsten Schritt übergehst, vergewissere dich bitte noch einmal kurz, ob alle wichtigen Bereiche beziehungsweise Komplexe aufgeführt sind.

Schritt 2: Zufriedenheitskreise zeichnen. Zeichne nun zu jedem »Ist-Kreis« einen weiteren Kreis, der deine jeweilige, persönliche Zufriedenheit mit dem Lebensbereich beziehungsweise -komplex veranschaulicht (= Zufriedenheitskreise). Dazu wählst du am besten eine Farbe, die du noch nicht verwendet hast. Achte wieder auf das Verhältnis. Der jeweilige Kreis kann größer oder kleiner ausfallen als der Ist-Kreis – je nachdem, wie hoch oder gering dein Level an Zufriedenheit ist. Achte auch auf die Verhältnismäßigkeit.

Wenn beispielsweise deine Liebesbeziehung derzeit viel Zeit, Energie und Aufmerksamkeit beansprucht, dann zeichnest du einen großen Ist-Kreis. Den dazugehörigen Zufriedenheitskreis machst du deutlich kleiner, weil dir deine Beziehung, so wie sie momentan ist, wenig Freude und Erfüllung bietet und viel negativen Stress erzeugt. Ein anderes Beispiel: Du hast wenig Zeit für sportliche Aktivitäten in der Natur, also zeichnest du einen kleinen Ist-Kreis. Da die Zeit dich aber sehr glücklich macht und du viel Positives daraus ziehen kannst, was sich auch förderlich auf andere Lebensbereiche (unter anderem deine Belastbarkeit im Job) auswirkt, zeichnest du den Zufriedenheitskreis deutlich größer als den Ist-Kreis. Bei den Online-Materialien kannst du dazu einige optische Beispiele anschauen.

Hast du zu jedem der »Ist-Kreise« einen »Zufriedenheitskreis« gezeichnet? Dann steht das Mobile in seinen Grundzügen. Weiter geht es mit den Gefühlsmarkern.

Schritt 3: Gefühlsmarker hinzufügen. Bitten schreibe neben jeden Ist-Kreis zwei oder drei Impulsworte (= Gefühlsmarker), die dein Lebensgefühl in diesem Bereich oder Komplex sehr gut beschreiben und wiedergeben. Das können Adjektive, emotionale Begrifflichkeiten oder auch eigene, spontane Wortkreationen sein. Beispielsweise kannst du schreiben:

- Familie – fremdgesteuert, frustriert, gelangweilt
- Sport – happy, ausgeglichen, Lebensvitamin
- Beruf – »Businesshamster«, ziellos, unter Druck

Notiere anschließend bitte in dein Mobile of Life® auf Seite 40 noch zwei bis drei Gefühlsmarker für das gesamte Lebensmobile. Wie fühlt es sich grundsätzlich an, dieses Leben zu leben? Wie ist dein »Lebensgrundgefühl«? Angenommen, dein Leben hätte eine emotionale Headline, bestehend aus drei Begriffen. Wie würde sie lauten? (Beispielsweise: energiegeladen, intensiv, fragil.)

....

....

....

....

Schritt 4: Erforschen. Erforsche nun dein Mobile genauer.

Was fällt dir auf?

....

....

Wie wirkt das Mobile auf dich? Wie ist die Dynamik?

....

....

Was erscheint unverhältnismäßig oder unausgewogen?

....

....

Was hat zu viel Raum?

....

....

Was fehlt oder kommt zu kurz? Was fehlt unter Umständen sogar komplett?

....

....

Wo kommt es wiederholt zu Konflikten und Problemen?

....

....

Was stimmt? Was gelingt oder gefällt dir gut?

....

....

Wie erlebst du dich in der Rolle der Gestalterin beziehungsweise des Gestalters dieser Wirklichkeit, und wie in der Rolle des/der Erlebenden?

Als Gestaltende ...

....

....

Als Erlebende …

....

....

Welche Ressourcen oder Fähigkeiten sind unentbehrlich, um dein Leben so leben zu können?

....

....

Welche Herausforderungen oder Gefahren birgt dieser Lebensentwurf?

....

....

Wo gibt es Bedürfnisse oder Erfordernisse sich und die eigene Lebensführung weiterzuentwickeln?

....

....

Schritt 4: Inneres Narrativ ermitteln. Du hast dich jetzt sehr intensiv mit deiner Lebenswirklichkeit befasst. Versuche an dieser Stelle nun einmal, dein inneres Narrativ, das zur Entwicklung dieser Lebenswirklichkeit und insbesondere zum Entstehen der Probleme und Herausforderungen beigetragen hat, aufzuspüren und transparent zu machen.

Was meinst du, auf welcher innerlichen Geschichte oder Erzählung beruht deine Lebensgestaltung?

....

....

Was hat dich in der Gestaltung deines Lebens offensichtlich geleitet, bewusst oder unbewusst? Was hatte Priorität?

....

....

Formuliere hier – bitte so präzise wie möglich – die fünf wichtigsten, innerlichen Leitlinien. Welche Sätze oder gedanklichen Überzeugungen wurden gewollt oder ungewollt zur Überschrift für deine Lebensgestaltung? Was hat dich innerlich maßgeblich geleitet und beeinflusst? Welche inneren Grundsätze haben vermutlich in hohem Maße dazu beigetragen, dass dein Leben aktuell so aussieht, wie es aussieht?

1. ....

....

2. ....

....

3. ....

....

4. ....

....

5. ....

....

In welcher Beziehung steht dieses Narrativ zu deinen persönlichen Werten?

....

....

Vielleicht möchtest du an dieser Stelle eine Pause einlegen und die Arbeit auf dich wirken lassen? In der nächsten Phase geht es um deine Lebensgestaltung in der Zukunft.

Phase 2: Mobile of Life® – Zukunft

Du gehst nun ähnlich vor wie in Phase 1, jedoch in einer anderen Reihenfolge. Außerdem fallen die Zufriedenheitskreise weg.

Schritt 1: Alternatives Narrativ entwickeln. Du hast nun die Möglichkeit, neue, lebenswerte(re) Leitlinien für deine persönliche Lebensführung zu entwickeln.

Wenn du möchtest, kannst du die »alten« Narrativsätze aus der ersten Phase heranziehen und sie in ihrem Inhalt und ihrer Ausrichtung verändern. Du kannst aber auch ganz neue Sätze formulieren. Achte auf jeden Fall bitte darauf, dass deine Leitlinien deinen wahren Bedürfnissen und Werten entsprechen und eine positive, selbstbestimmte Lebenshaltung fördern.

Überlege in Ruhe und sorgfältig: Was soll dich in Zukunft innerlich leiten, wenn du dein Leben gestaltest? Notiere anschließend deine neuen Lebensüberschriften so explizit wie möglich.

1. ....

....

2. ....

....

3. ....

....

4. ....

....

5. ....

....

Schritt 2: Neues Lebensmobile zeichnen
Wie könnte mittels und auf Basis deines nun entwickelten Narratives dein Leben in Zukunft aussehen beziehungsweise von dir gestaltet werden? Was wäre ein denkbarer, lebenswerter Entwurf für die Zukunft? Gestalte nun auf Seite 41 ein neues Mobile.

Du kannst wieder mit Kreisen arbeiten. Allerdings kann die Position, die Größe, die Form oder Art der Darstellung dieses Mal eine ganz andere sein. Kreise können hinzukommen, wegfallen oder miteinander verbunden oder zusammengeführt werden. Auch andere Formen können verwendet werden. Du bist vollkommen frei in der Umsetzung. Erfinde deine eigene Lebensform und -struktur.

Schritt 3: Erforschen. Was hat sich im Vergleich zum ersten Mobile verändert? Welche (Weiter-)Entwicklung hat stattgefunden?

....

....

Wie ist die Dynamik?

……………………………………………………………………………………

……………………………………………………………………………………

Was folgt daraus für die Lebensführung? Was sind wichtige Aufgaben oder Schritte?

……………………………………………………………………………………

……………………………………………………………………………………

……………………………………………………………………………………

Welche interessanten Ansätze oder Ideen gibt es?

……………………………………………………………………………………

……………………………………………………………………………………

Welche positiven Entwicklungen oder Effekte sind zu erwarten?

……………………………………………………………………………………

……………………………………………………………………………………

Wo liegen Herausforderungen? Welche offenen Fragen gibt es?

……………………………………………………………………………………

……………………………………………………………………………………

Schritt 4: Gefühlsmarker finden. Stell dir vor, wie erfüllend, beglückend, befriedigend es wäre, so zu leben und füge diesem Mobile ebenfalls ein paar Gefühlsmarker hinzu. Mithilfe der Gefühlsmarker kannst du ausloten, inwieweit sich dein Lebensgefühl voraussichtlich verändern würde. Erfahrungsgemäß steigt dadurch auch die persönliche Motivation und Bereitschaft, die avisierten Veränderungen tatsächlich einzuleiten.

- Wie würde es sich voraussichtlich anfühlen, dieses Leben zu leben?
- Wie wäre höchstwahrscheinlich dein Hauptlebensgefühl?
- Was würde sich in deiner Lebensqualität ändern?

....

....

....

....

....

....

....

....

....

....

....

....

....

Schritt 5: Persönliche Quintessenz. Beantworte nun die folgenden Fragen.

Was hat die Lebensmobile-Arbeit bei dir bewirkt?

....

....

....

Was waren die wichtigsten Erkenntnisse und Einsichten?

....

....

....

Was sind die wichtigsten Aufgaben oder To-dos? In welchem Zeitrahmen? Wie soll es weitergehen?

....

....

....

Wenn du im Coaching bist: Was möchtest du vertiefen?

....

....

....

Mein Lebensmobile Gegenwart

- Ist-Kreise
- Zufriedenheitskreise
- Gefühlsmarker
- Auswertung
- Narrativ

Mein Lebensmobile Zukunft

- Neues Narrativ
- Neues Lebensmobile (Entwurf)
- Gefühlsmarker
- Auswertung

Glücksmatrix

Der niederländische Soziologe Ruut Veenhoven hat einen wertvollen Beitrag zur wissenschaftlichen Erforschung des Glücks geleistet. Er unterscheidet vier Lebensqualitäten in einer Matrix.

- Zum einen bringt er Lebensqualität mit den äußeren Lebensbedingungen in Verbindung. Im Extrem können sie entweder außerordentlich gut (»der Himmel«) oder wahnsinnig schlecht (»die Hölle«) sein.
- Die Lebensqualität hängt aber zum anderen auch von der Fähigkeit des Menschen ab, das eigene Leben zu bewältigen und mit den Lebensbedingungen zurechtzukommen.
- Zum dritten repräsentiert Lebensqualität auch den Wert und Nutzen des eigenen Lebens für die Umwelt und die Mitmenschen.
- Die vierte Form, die Lebenszufriedenheit, beruht auf einem subjektiven Fokus, also der individuellen Wahrnehmung und Einschätzung der persönlichen Lebenssituation.

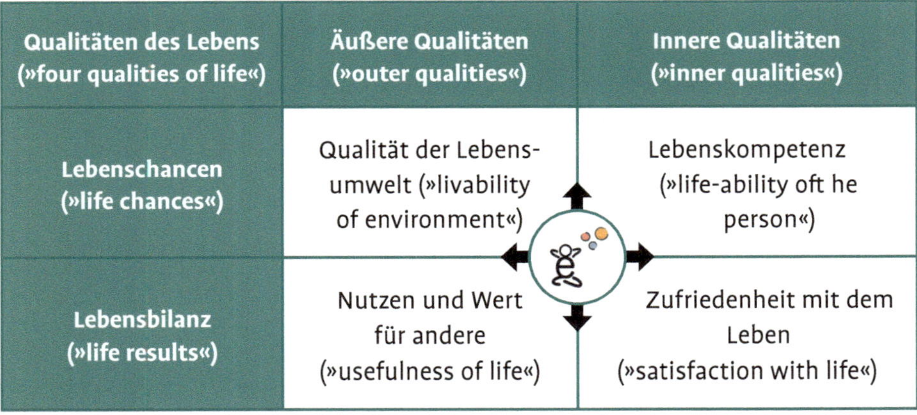

Qualitäten des Lebens (»four qualities of life«)	Äußere Qualitäten (»outer qualities«)	Innere Qualitäten (»inner qualities«)
Lebenschancen (»life chances«)	Qualität der Lebensumwelt (»livability of environment«)	Lebenskompetenz (»life-ability oft he person«)
Lebensbilanz (»life results«)	Nutzen und Wert für andere (»usefulness of life«)	Zufriedenheit mit dem Leben (»satisfaction with life«)

(Qualities of life nach Veenhoven)

Betrachte nun einmal deine Lebensqualität anhand dieser Kriterien

Wie zufrieden bist du mit der Qualität deiner Lebens*umwelt*? Welche Gedanken oder Ideen tauchen spontan auf?

....

....

....

Welche Entwicklungen oder Veränderungen wünschst du dir in diesem Bereich?

....

....

....

Wie zufrieden bist du mit deiner Fähigkeit, dein Leben zu gestalten? Welche Gedanken oder Ideen kommen spontan auf?

....

....

....

Was möchtest du weiterentwickeln oder lernen?

....

....

Inwieweit ist dein Leben wertvoll und bedeutsam für andere Menschen? Weshalb ist dein Leben eine Bereicherung für andere?

....

....

....

Wie zufrieden bist du insgesamt mit deinem Leben? Welches Lebensgefühl hält an?

....

....

....

Was beeinträchtigt deine Lebenszufriedenheit am allermeisten?

....

....

....

Was hindert dich daran, über längere Zeit erfüllt und glücklich zu sein?

....

....

....

Was tust du prinzipiell für dein Glück, im Wesentlichen?

....

....

In welchem Bereich/welchen Bereichen möchtest oder müsstest du vielleicht noch einmal ansetzen?

....

....

Wann warst du zuletzt so richtig glücklich? Was hat dich in dem Moment so erfüllt?

....

....

....

Was verbindest du mit einem glücklichen Leben in Zukunft? Nenne fünf Punkte, die du in deinem zukünftigen Leben noch erfahren oder erreichen möchtest, auch zusammen mit anderen Menschen?

1. ....

....

2. ....

....

3. ....

....

4. ....

....

5. ....

....

Wie lautet deine ganz persönliche Definition von Glück:

....

....

Veenhoven untergliedert die Lebenszufriedenheit nochmals, und in meinen Augen ist diese weitere Unterscheidung auch wirklich wichtig und hilfreich.

Vier Arten der Lebenszufriedenheit »four kinds of satisfaction in life«	**vorübergehend »passing«**	**anhaltend »enduring«**
Lebensbereiche »life domains«	Freude und Genuss »pleasure«	partielle Lebenszufriedenheit »domain-satisfaction«
Lebensbilanz »life results«	Lebenshöhepunkte »peak experience«	Lebenszufriedenheit (Erfüllung / Glück) »satisfaction with life«

Arten von Lebenszufriedenheit nach Veenhoven

Lebenszufriedenheit kann sich in kurzen, vorübergehenden Augenblicken einstellen, zum Beispiel dann, wenn wir beherzt in einen See springen, ein Gemälde betrachten, ein paar Töne auf dem Klavier klimpern oder die morgendliche Tasse Tee oder Kaffee genießen. Es sind die »kleinen Dinge«, einzelne Handlungen und Erlebnisse, die uns temporär ein Gefühl von Glück und Erfüllung schenken. Mit »peak experiences« ist ebenfalls eine vorübergehende, aber besonders tiefgreifende, bedeutungsvolle Erfahrung von Lebenszufriedenheit gemeint. Sie geht mit intensiven Gefühlen einher und ist von Bedeutung für das gesamte Leben. Wir erfahren das Leben in seiner Gesamtheit, mit voller Wucht, und fühlen uns mit dem Leben beziehungsweise dem gesamten Kosmos verbunden.

Zufriedenheit kann sich auf bestimmte Bereiche – zum Beispiel aus dem Beruf oder Familienleben – beziehen und trotz gewisser Schwankungen eine stabile Ausprägung haben. Obwohl die lebensbereichsbezogene Zufriedenheit auf eine Reihe einzelner freudvoller Erfahrungen oder Ereignissen zurückgeht, lässt sich feststellen, dass diese Art der Zufriedenheit beständiger ist und eine gewisse Kontinuität aufweist. Wenn für kurze Zeit unangenehme Situationen oder Konstellationen auftreten, so wird die Grundzufriedenheit dadurch in der Regel nicht beeinträchtigt. Wir können beispielsweise eine hohe Lebenszufriedenheit in Bezug auf die Partnerschaft besitzen, auch wenn zeitweise Spannungen und Konflikte auftreten.

Überdies gibt es eine andauernde Lebenszufriedenheit, die sich in Bezug auf das Leben als Ganzes einstellt oder einstellen kann. Gemäß dieser Einordnung werden im Alltag meist die Begriffe Glück und Erfüllung verwendet. Sie beschreiben eine spezielle Form des subjektiven Wohlseins, den Grad an Lebenszufriedenheit, mit der ein Mensch sein gegenwärtiges Leben in seiner Gesamtqualität positiv bewertet.

Ermittle nun anhand dieser Unterteilung auf den nächsten beiden Seiten deine persönliche Glücksmatrix. Diese beiden Seiten sind auch Bestandteil der Online-Materialien.

Meine Glücksmatrix

Meine temporären »Glücksmittel« und Glücklichmacher:

....

....

....

....

....

Meine persönlichen Lebenshöhepunkte
in der Vergangenheit:

....

....

....

Träume, Wünsche für die Zukunft:

....

....

....

....

Anhaltend glücklich macht mich:
z.B. zwischenmenschlich, beruflich, familiär

……………………………………………………………………………………………………

……………………………………………………………………………………………………

……………………………………………………………………………………………………

……………………………………………………………………………………………………

……………………………………………………………………………………………………

……………………………………………………………………………………………………

Anhaltendes Lebensgefühl
in der Vergangenheit:

……………………………………………………………………………………………………

……………………………………………………………………………………………………

gegenwärtig:

……………………………………………………………………………………………………

……………………………………………………………………………………………………

in Zukunft (hoffentlich):

……………………………………………………………………………………………………

……………………………………………………………………………………………………

Mood World

Wie wir unser Leben empfinden, wirkt sich aus auf die Art, wie wir unser Leben gestalten. Und wie wir unser Leben gestalten, wirkt sich aus auf unsere Gefühlswelt. Diesen Zusammenhang zu begreifen und zu erkennen ist sehr wichtig. Die Lebensqualität wird somit von der Gefühlswelt beeinflusst. Die Gefühle wiederum beeinflussen die Lebensgestaltung und diese beeinflusst die emotionale, psychische Konstitution.

Fühlen wir uns zum Beispiel in unserem Leben oft bedrückt und niedergeschlagen, fällt es uns schwer, neue Dinge in Angriff zu nehmen und Herausforderungen zu meistern. Das eigene Leben erscheint weniger lebenswert, die Gestaltung des eigenen Lebens erfolgt eher passiv. Sind wir dagegen positiv gestimmt und fühlen wir uns vital und lebendig, so trauen wir uns in der Regel mehr zu, wagen Herausforderungen eher und haben größere Lust, Neues zu gestalten und zu erfahren. Sind wir im Alltag häufig verärgert und gestresst, tun wir gut daran, nach den Gründen und Auslösern zu suchen und die eigene Lebensgestaltung zu überdenken.

Erkunde nun deine »Mood World«

Was löst in deinem Leben, in deiner Lebensgestaltung, die verschiedenen Gefühle und Emotionen aus?

....

....

....

Welche Gefühle und Emotionen beeinflussen dein Leben?

....

....

Wie beeinflussen sie deine Lebensgestaltung?

....

....

....

Wann – also in welchen Situationen und Momenten, unter welchen Bedingungen oder bei welchen Aufgaben oder Aktivitäten – erlebst du wiederkehrend extreme Gefühle?

....

....

....

Welche Muster oder Schlüsselsituationen (er)kennst du?

....

....

....

Inwiefern hemmen dich derzeit bestimmte Emotionen oder Gefühle in deiner persönlichen Weiterentwicklung und Lebensgestaltung?

....

....

....

Worauf verweisen diese Gefühle höchstwahrscheinlich (zum Beispiel unerfüllte Bedürfnisse, Sehnsüchte oder Erwartungen)?

....

....

....

Welche Gefühle bekommen zu viel oder zu wenig Raum?

....

....

....

Studiere deine gegenwärtige Gefühlswelt mithilfe dieser Fragen und erkunde mithilfe der Gefühlskreise auf der folgenden Seite, die es auch bei den Online-Materialien zum Ausdrucken gibt, deine eigene Mood World. Gehe dazu mal in dich und überlege, wann die verschiedenen Gefühle in deinem Leben auftauchen, welchen Raum und welche Wirkung sie haben. Vielleicht fallen dir auch bestimmte Auslöser, Muster und Situationen ein, die mit diesen Gefühlen in Verbindung stehen. Versuche anhand der Kreise etwas über deine momentane Gefühlswelt zu erfahren. Halte ähnlich wie bei einer Mindmap deine persönlichen Beobachtungen und Einfälle in Form von kurzen Stichworten fest. Notiere auch bedenkenswerte Entwicklungen oder Fragen und Gedanken, die dich im Bezug auf deine momentane Gefühlswelt beschäftigen. Wie sieht es aus in deiner Gefühlswelt? Was ist daran bezeichnend oder erstaunlich?

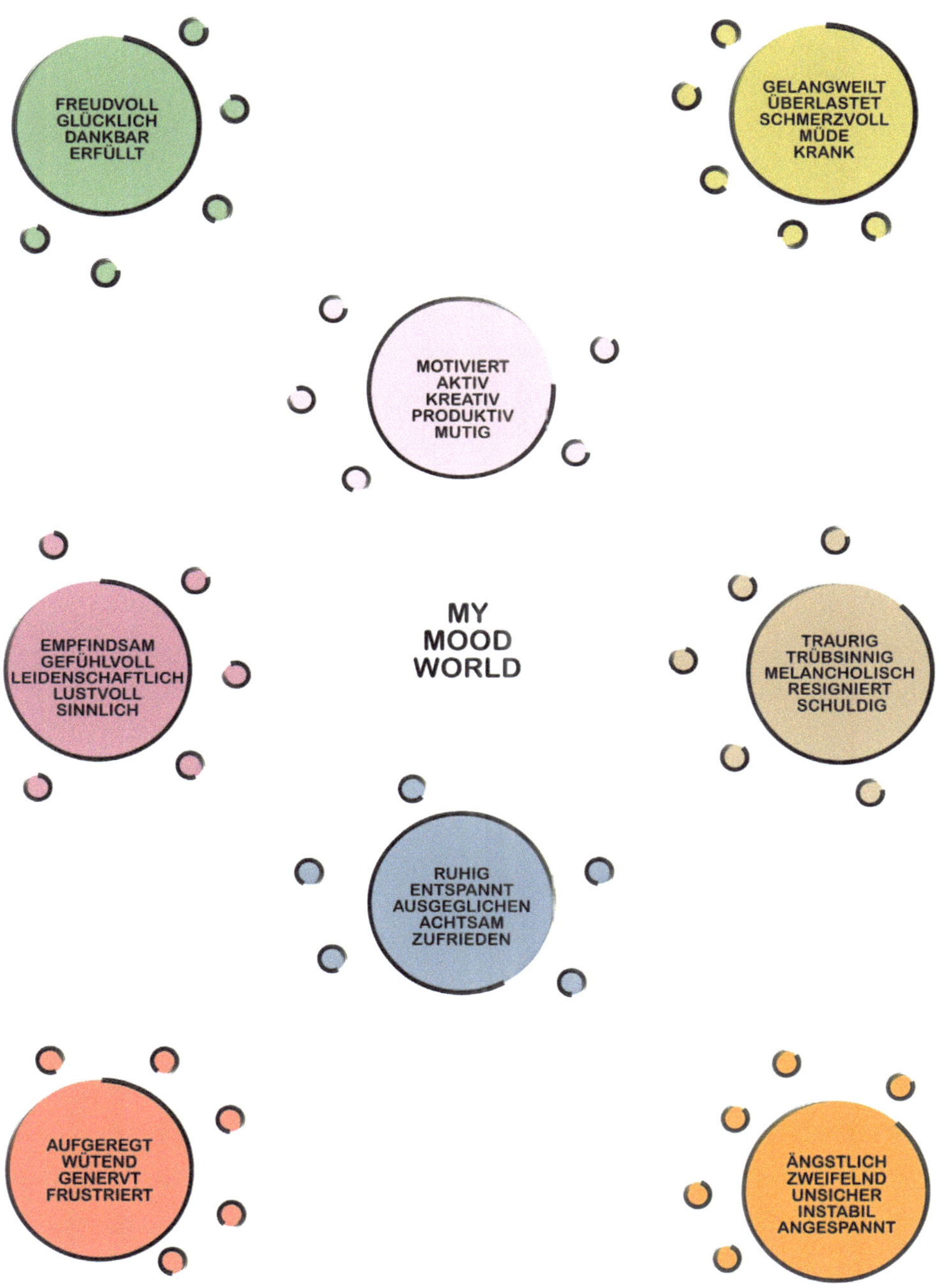
FREUDVOLL
GLÜCKLICH
DANKBAR
ERFÜLLT
GELANGWEILT
ÜBERLASTET
SCHMERZVOLL
MÜDE
KRANK
MOTIVIERT
AKTIV
KREATIV
PRODUKTIV
MUTIG
EMPFINDSAM
GEFÜHLVOLL
LEIDENSCHAFTLICH
LUSTVOLL
SINNLICH
MY
MOOD
WORLD
TRAURIG
TRÜBSINNIG
MELANCHOLISCH
RESIGNIERT
SCHULDIG
RUHIG
ENTSPANNT
AUSGEGLICHEN
ACHTSAM
ZUFRIEDEN
AUFGEREGT
WÜTEND
GENERVT
FRUSTRIERT
ÄNGSTLICH
ZWEIFELND
UNSICHER
INSTABIL
ANGESPANNT

Was ist deutlich geworden?

...

...

...

Wie würdest du anderen Menschen deine Mood World beschreiben?

...

...

...

Welche Zusammenhänge zwischen deinen Gefühlen und deiner Lebensgestaltung sind dir bewusst geworden?

...

...

...

Was möchtest du in deiner Mood World gern verändern?

...

...

...

...

Was möchtest du lernen beziehungsweise erfahren?

....

....

....

....

....

Was sind dahingehend wichtige Ziele, Aufgaben oder Schritte?

....

....

....

....

....

Was könnte eine gute erste Übung sein?

....

....

....

....

....

Mood Journal

Mit dem Mood Journal kannst du Probleme und Herausforderungen in der alltäglichen Lebensgestaltung identifizieren und bemerkenswerte Zusammenhänge zwischen Lebensgestaltung und Gefühlslage erfahren und erkennen. Nimm dafür am besten ein schönes Notizbuch und unterteile jede Seite in vier Spalten, so wie auf der Abbildung auf der gegenüberliegenden Seite – oder drucke dir die entsprechende Seite der Online-Materialien aus.

Verwende dann dein Mood Journal folgendermaßen:

- Protokolliere deine Tagesgestaltung, am besten über mehrere Tage hinweg. Konzentriere dich dabei auf ganz normale Tage, also auf Tage, die du in der Regel immer wieder so gestaltest und erlebst.
- Halte während des Tages immer wieder schriftlich fest, was du zu welcher Tageszeit getan hast (Spalte 1 und Spalte 2).
- Notiere in der dritten Spalte, am besten mithilfe der Gefühlskreise, welche Gefühle oder Emotionen aufgekommen sind. Wie hast du dich gefühlt? Was ist während der verschiedenen Aktivitäten emotional in dir aufgetaucht?
- In der vierten Spalte kannst du vermerken, was du selbst sonst noch wahrgenommen hast und möglicherweise bedeutsam und beachtenswert ist. Das kann ein Gedanke sein, ein interessanter Einfall, ein wichtiger Umstand oder ein innerer oder äußerer Konflikt. Schreibe ohne Bewertung auf, was ins Bewusstsein kommt.
- Unter Höhepunkte beziehungsweise Brennpunkte kannst du dir klarmachen, was während des Tages für dich besonders positiv beziehungsweise negativ war. Was waren deine Highlights, auch emotional? Was ist dir gelungen oder besonders gut gelaufen? Worauf kannst du stolz sein? Und was waren deine Tiefpunkte? Was hat dich stark herausgefordert und emotional belastet? Schreibe diese unter »Brennpunkte« auf.
- Unter Impulse/Erkenntnisse/Ideen kannst du ein erstes, persönliches Resümee ziehen. Was hat die Arbeit mit dem Mood Journal gezeigt? Was möchtest du in deiner Tagesgestaltung und -struktur eventuell gern verändern (Zeiträume, Gewohnheiten, Rituale, Übergänge)? Was könnte zukünftig anders oder besser laufen? Gibt es dazu schon Ansätze oder Ideen?

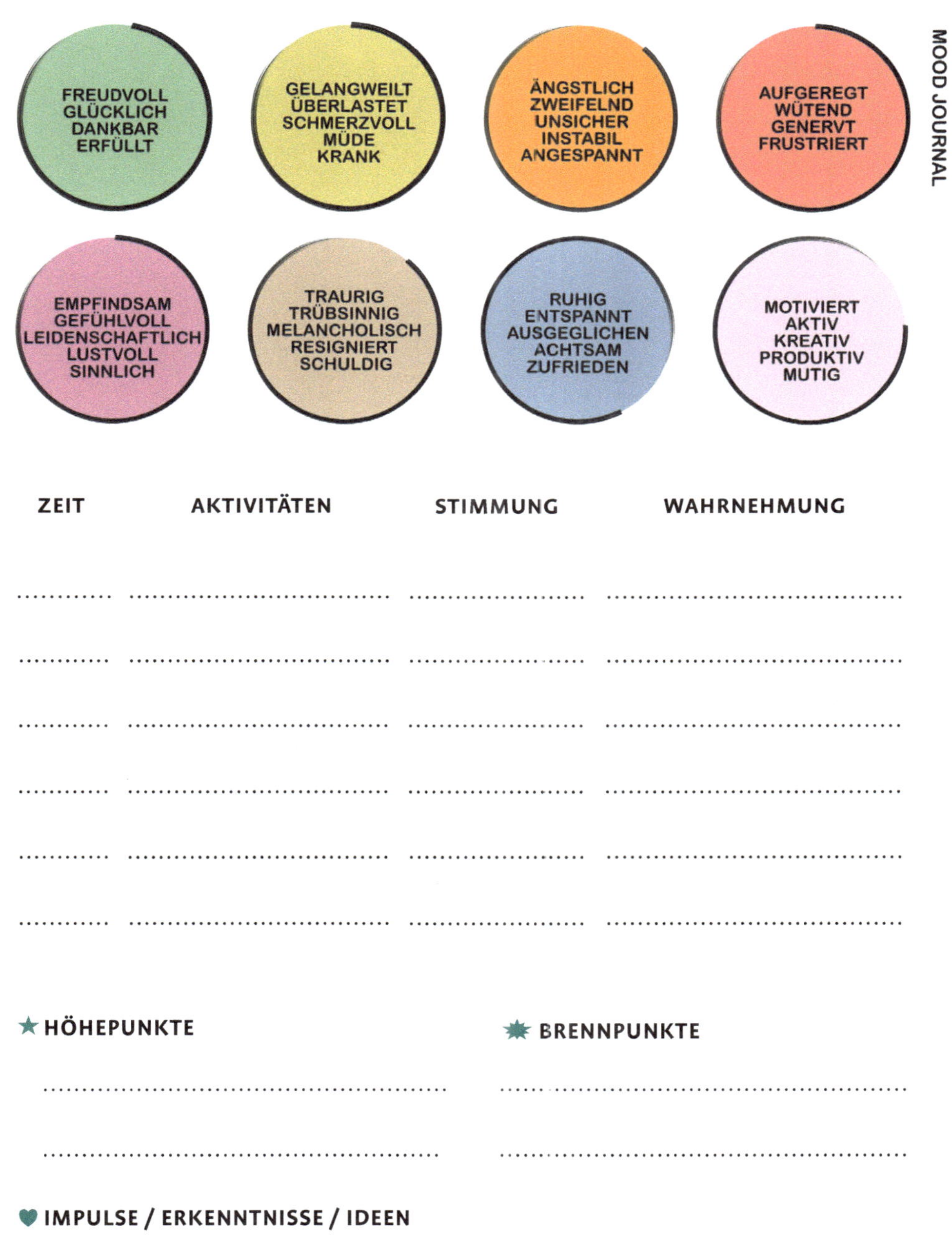

★ HÖHEPUNKTE

....

....

BRENNPUNKTE

....

....

IMPULSE / ERKENNTNISSE / IDEEN

....

....

Deine Beobachtungen und Erkenntnisse aus dem Mood Journal kannst du hier zusammenfassen.

....

....

....

....

....

....

....

....

....

....

....

....

....

....

....

....

....

Ausgehend von diesen Beobachtungen und Erkenntnissen kannst du dir einen neuen Prototypen für deine zukünftige Tagesgestaltung entwickeln.

Überlege dazu im ersten Schritt: Was soll sich alles verändern?

- Tagesbeginn beziehungsweise Ende: Aufstehzeit – Schlafzeit, Morgen- beziehungsweise Abendroutine, Pausen
- Neuordnung und Neuorganisation der Grundstruktur und Elemente: Was? Wann? Wie lange? Wo?
- neue oder andere Zeitfenster für bestimmte Aufgaben und Aktivitäten
- förderliche Gewohnheiten, Rituale, Routinen
- Prioritäten, Vorhaben, Projekte, Ziele
- neue Ausgestaltung, andere Lösungen
- Fokus, Mindset, innere Haltung

....

....

....

....

....

....

....

....

....

Im zweiten Schritt entwirfst du eine neue Lebensgestaltung: Wie könnte dein Tagesablauf in Zukunft aussehen? Wie möchtest du ihn idealerweise gestalten? Schreibe deine Überlegungen zur neuen Tagesstruktur in die ersten beiden Spalten unter ①.

Reframe the day

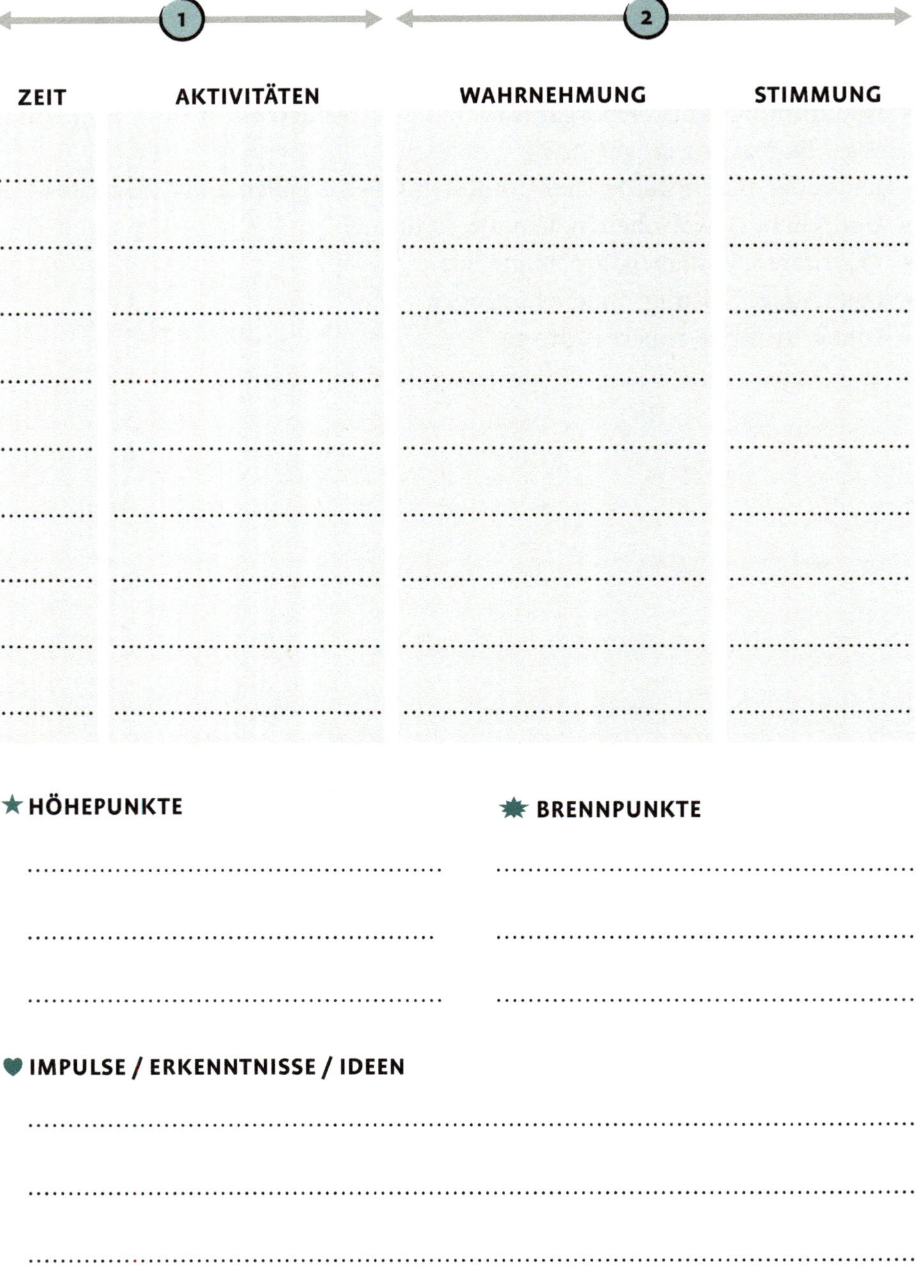

★ **HÖHEPUNKTE**

✸ **BRENNPUNKTE**

♥ **IMPULSE / ERKENNTNISSE / IDEEN**

Im nächsten Schritt folgt dann der Praxistest. Gestalte deine Tage entsprechend des neuen Prototypen und sammle deine persönlichen Beobachtungen und Erfahrungen in den beiden Spalten unter ②. Was nimmst du wahr? Was ist jetzt anders? Wie ist deine Stimmung? Was ist positiv? Und so weiter.

Überlege schlussendlich:

Was hat sich in meiner Lebensgestaltung verändert, insbesondere im Vergleich zu vorher?

....

....

....

Was passt sehr gut, und was bewährt sich (eventuell) doch nicht?

....

....

....

Was möchte ich vielleicht in Zukunft noch verändern oder optimieren?

....

....

....

....

Innere Anteile

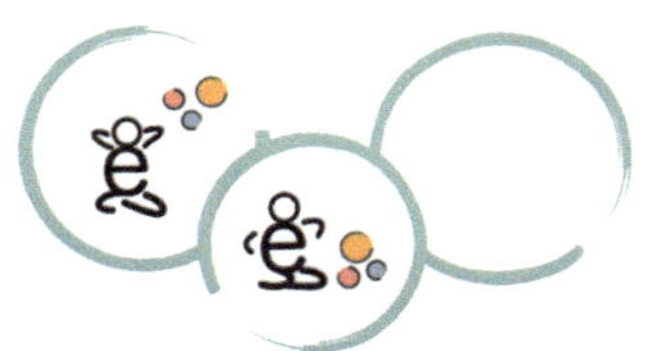

Wenn wir uns innerlich permanent gestresst fühlen oder im Kampfmodus befinden, immer wieder stark zwischen verschiedenen gedanklichen Positionen und Verhaltensweisen hin- und herschwanken und uns im Alltag und/oder wichtigen Lebensentscheidungen zerrissen fühlen, deutet dies auf eine gestörte innere Ordnung hin. Es handelt sich um einen Konflikt unserer persönlichen Anteile. Diese innere Ordnung beeinflusst das Außen, unsere Lebensführung, aber auch, wie wir uns fühlen sowie unsere Einstellung zu uns selbst und unser Selbstbewusstsein. Wir gestalten und erleben unser Leben ganz anders, wenn wir innerlich klar und ausgeglichen sind, wenn es in unserem Inneren keine großen Konflikte gibt.

Nun wirft ein neuer Lebensentwurf aber in der Regel viele Fragen und Möglichkeiten und weitreichende Veränderungen auf. Das heißt, er bringt fast schon unabwendbar innere Konflikte – Unsicherheiten, Ängste, Ambivalenzen und Zweifel – mit sich. Aus diesem Grund ist es so wichtig, den Blick auf die eigenen, persönlichen inneren Anteile zu richten und sich mit diesen Anteilen zu beschäftigen.

Es gibt eine Reihe von Techniken, um im Coaching mit Persönlichkeitsanteilen zu arbeiten. Bewährte Techniken sind beispielsweise das Innere Team (Schulz von Thun 2012), die Pats Party (Satir 2020) oder die »innere Konferenz und die innere Familie« (Schmidt 2004; Schwartz 2011). Sie basieren auf der Annahme, dass die Persönlichkeit eines Menschen vergleichbar ist mit einem inneren System, in dem verschiedene Anteile wirken und in lebendiger Beziehung zueinander stehen: zum Beispiel der/die Ehrgeizige, Strenge, Abenteuerliche, Lebenslustige und so weiter. Je nach Kontext und Situation verändert sich die innere Dynamik und die Anteile können verschiedene Rollen und Funktionen übernehmen (zum Beispiel stützend, fördernd, entmutigend, zweifelnd, beherrschend). Diese Dynamik ist für das eigene Seelenheil – die Psychohygiene – und die Lebensgestaltung entweder zuträglich oder ungünstig.

In Krisen und Stresssituationen kann es passieren, dass das innere System und/oder einzelne Anteile an Ausgewogenheit verlieren und die proaktive Lebensgestaltung behindern. In dem Fall kann durch Anteilsarbeit eine neue, innere Ordnung hergestellt werden. Die inneren Anteile werden erforscht, neu ausgerichtet und in Beziehung gebracht. Dadurch entstehen neue Betrachtungsweisen und Handlungsspielräume.

Die innere Ordnung ist also nichts Feststehendes. Alle Teile sind fähig, sich zu verändern und zu entwickeln. Jeder Anteil ist von Bedeutung und erfüllt eine wichtige Funktion. Auch die ungeliebten Anteile! Sie zu würdigen und die tieferen Zusammenhänge und Beweggründe zu verstehen sind eine wichtige Voraussetzung, damit sie sich wandeln, entwickeln oder neu integriert werden können. Zum Beispiel kann es in einer Lebensphase sehr von Bedeutung gewesen sein, immer der/die Rücksichtsvolle oder der/die Verständnisvolle zu sein (zum Beispiel um die Eltern nicht aus der Balance zu bringen). Genau dieser Anteil kann aber sehr unerquickliche oder sogar schädliche Wirkung entfalten, wenn es um die Selbstverwirklichung im Beruf und Privatleben geht und ein Burnout droht. In dem Fall ist es wichtig, sich genau anzuschauen, wofür sich dieser Anteil im Wesentlichen so aktiv einsetzt, für welches tiefere Bedürfnis er so kräftig eintritt (beispielsweise Anerkennung). Und im nächsten Schritt kann daran gearbeitet werden, wie ein neuer, sinnvoller und maßvoller Umgang mit diesen Themen und Bedürfnissen aussehen kann. Auf jeden Fall sollten diese Anteile niemals unbesehen zur Seite oder gar ins Abseits geschoben werden.

Schritt 1: Geh nun bitte einmal in dich.
Welche inneren Anteile beeinflussen deine Lebensgestaltung?

....

....

....

Wie ist deine innere Ordnung?

....

....

....

Skizziere die wichtigsten Persönlichkeitsanteile. Erstelle zu jedem inneren Anteil eine kleine Zeichnung und gib jedem Anteil einen passenden »Namen«, sodass die Hauptrolle, die grundlegende Aufgabe oder Funktion dieses Anteils deutlich wird (zum Beispiel »die Starke«). Füge anschließend noch einen typischen Leitgedanken, einen Aufforderungssatz, hinzu (zum Beispiel: »Kein Gejammer, durchhalten!«)

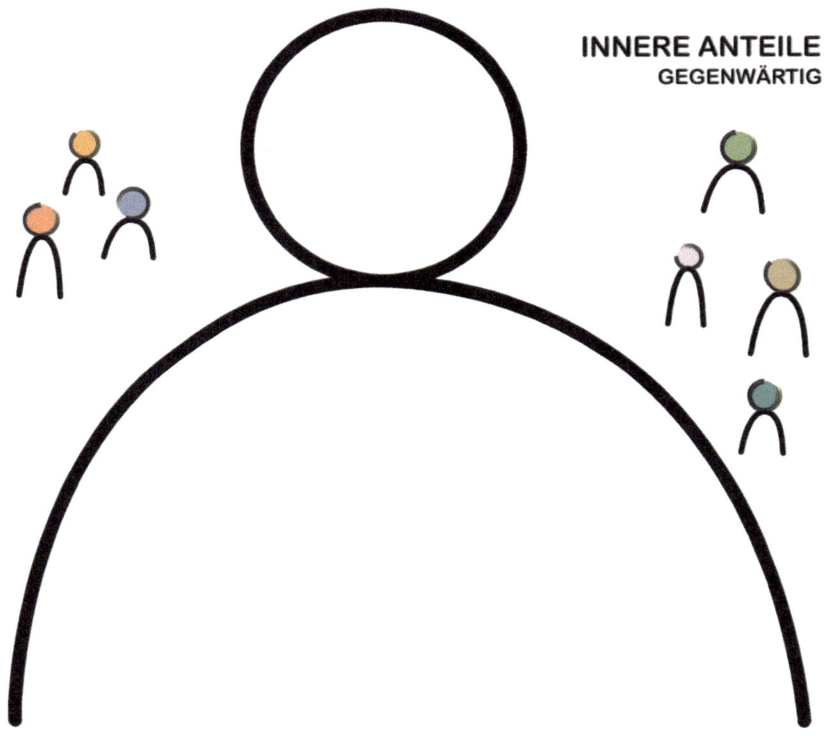

Was erkennst du in der genaueren Betrachtung?

....

....

....

Was ist auffallend an der Ordnung beziehungsweise Dynamik?

....

....

....

Was sind die Folgen beziehungsweise Auswirkungen?

....

....

....

Was möchtest du gern verändern?

....

....

....

Schritt 2: Überlege dann: Was könnte eine neue, innere Ordnung sein?

....

....

....

....

Welche Anteile sollen eine zentrale Aufgabe, Rolle und Position bekommen?

....

....

....

Welche weiteren Anteile gibt es? Wo stehen sie?

....

....

....

Welche Anteile will ich verändern oder neu integrieren? Wie ist die Beziehung untereinander? Wie ist die Interaktion/Dynamik?

....

....

....

....

....

....

....

....

Was sind typische Leitgedanken?

....

....

....

Skizziere eine probeweise Neuordnung.

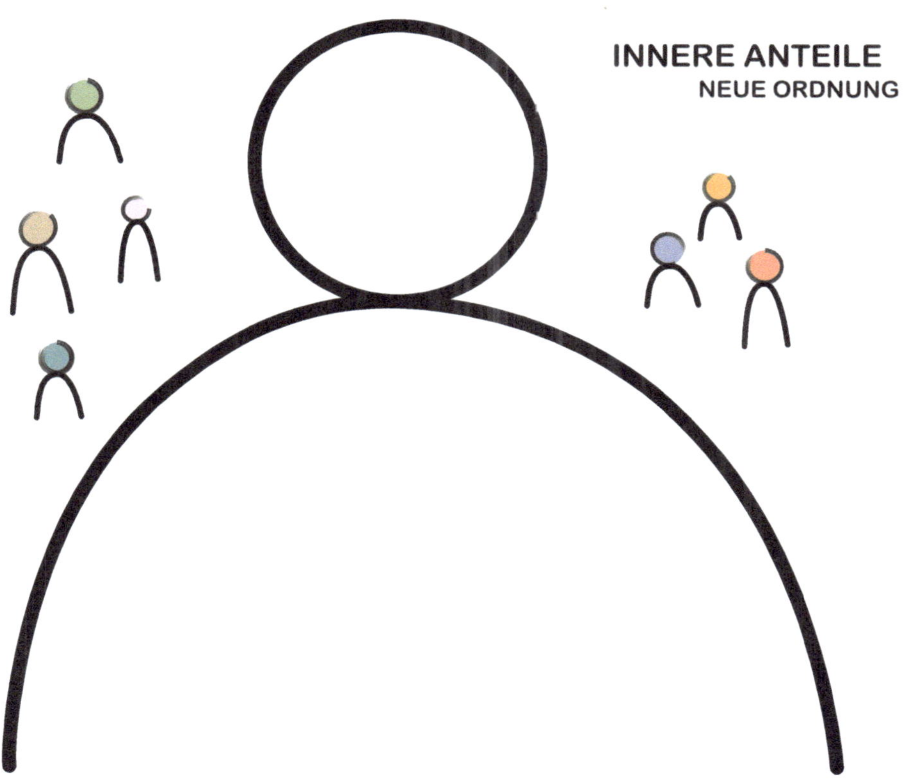

Was ergibt sich aus dieser Neuordnung?

....

....

....

Was verändert sich dadurch in deinem Lebensgefühl?

....

....

....

Was verändert sich in der Lebensgestaltung?

....

....

....

Welche konkreten Veränderungen, Schritte oder Maßnahmen stehen an?

....

....

....

....

Was benötigst du, was ist notwendig, damit diese innere Ordnung tatsächlich bestehen kann?

....

....

....

Falls in deinem Leben gerade eine wegweisende Entscheidung oder Veränderung bevorsteht: Was würde der mutigste Teil von dir tun?

....

....

....

Was würde der ängstliche Teil machen?

....

....

....

Was würde der ______________________ Anteil von mir tun? (Bitte selbst ein Adjektiv einsetzen, zum Beispiel fürsorgliche, verantwortungsvolle, friedliche.)

....

....

....

Wie würdest du deinen Lebensentwurf gestalten, wenn du innerlich frei wärst und wüsstest, dass du dir voll vertrauen und nicht scheitern kannst? Fertige dazu eine kleine Zeichnung an und notiere dir deine Ideen.

Phase 2: Erkennen

Quick-Check

	trifft voll zu	trifft eher zu	trifft weniger zu	trifft nicht zu
In meinem Leben gibt es Dinge, die ich auf alle Fälle verändern will.				
Ich bin motiviert und bereit, mich und mein Leben weiterzuentwickeln.				
Es fällt mir leicht, über das zu sprechen, was ich verändern möchte.				
Ich weiß genau, was sich in Zukunft entwickeln beziehungsweise erfahren möchte.				
Ich habe aktuell öfter das Gefühl, mir in meiner Lebensgestaltung selbst im Weg zu stehen.				
Meine gegenwärtige Lebenssituation belastet mich.				
Ich bemerke schon länger innerliche Blockaden und Widerstände.				
In manchen Situationen denke ich, dass es so nicht weitergehen kann.				
Ich sorge mich um mein Leben in Zukunft.				
Ich zweifle öfter an meinem Weg.				
Wenn ich an die Zukunft denke, bin ich »vorfreudig-optimistisch«.				

	trifft voll zu	trifft eher zu	trifft weni-ger zu	trifft nicht zu
Ich bin bereit, wegweisende Entscheidungen zu treffen.				
Mein Lebensstil tut mir gut.				
Mein Körper zeigt mir, dass ich nicht dauerhaft so leben sollte, wie ich es derzeit tue.				
Ich achte auf meine Bedürfnisse.				
Ich weiß, wie ich aktuelle Probleme und Herausforderungen lösen kann.				
Es gibt Menschen, die mich auf meinem Weg unterstützen.				
Es gibt Menschen, mit denen ich offen darüber reden kann, wie es mir geht.				
Ich bemerke im Alltag Denk- und Verhaltensmuster, die mich belasten.				
Wie ich mit mir und meinem Leben umgehe, belastet andere.				
Ich gehe in meinem Leben vieles nicht an, obwohl ich es eigentlich dringend müsste beziehungsweise unbedingt will.				
Ich habe einen guten Weg gefunden, in meinem Leben mit Ängsten und Stress umzugehen.				
Ich schaffe es einfach nicht, meiner inneren Wahrheit zu folgen und mich zu verwirklichen.				
Ich glaube an mich, mein Glück und meinen Lebenserfolg.				

	trifft voll zu	trifft eher zu	trifft weni-ger zu	trifft nicht zu
Ich bin überzeugt, dass ich mein Leben leicht und freudvoll gestalten kann.				
Ich glaube, dass ich das, was ich mir wünsche, aus eigener Kraft erschaffen kann.				
Ich traue mir selbst große, persönliche Veränderungen zu.				
Ich setze mein Wissen und meine Fähigkeiten sinnvoll ein.				
Ich kenne meine Ressourcen.				
Ich nutze meine Ressourcen.				
Ich fühle mich fremdbestimmt in meiner Lebensgestaltung.				
Ich möchte mich in meiner Lebensgestaltung weiterentwickeln.				

Was wird dir bewusst, nachdem du diese Fragen ausgefüllt hast?

....

....

....

....

....

Was ist für dich die wichtigste Erkenntnis?

....

....

....

Wenn du ganz ehrlich zu dir selbst bist: Was steht in deinem Leben jetzt an?

....

....

....

Welche persönliche Veränderung oder Weiterentwicklung würde sich extrem positiv auf dich und dein Leben auswirken?

....

....

....

Wo siehst du für dich in deinem Leben das größte Entwicklungspotenzial?

....

....

....

Welche Entwicklung wünschst du dir …

persönlich …………………………………………………………………………………

…………………………………………………………………………………………………

zwischenmenschlich ……………………………………………………………………

…………………………………………………………………………………………………

beruflich …………………………………………………………………………………

…………………………………………………………………………………………………

geistig ……………………………………………………………………………………

…………………………………………………………………………………………………

emotional…………………………………………………………………………………

…………………………………………………………………………………………………

spirituell …………………………………………………………………………………

…………………………………………………………………………………………………

Woran würden andere merken, dass sich dein Leben dementsprechend gewandelt beziehungsweise weiterentwickelt hat?

…………………………………………………………………………………………………

…………………………………………………………………………………………………

…………………………………………………………………………………………………

House of Life

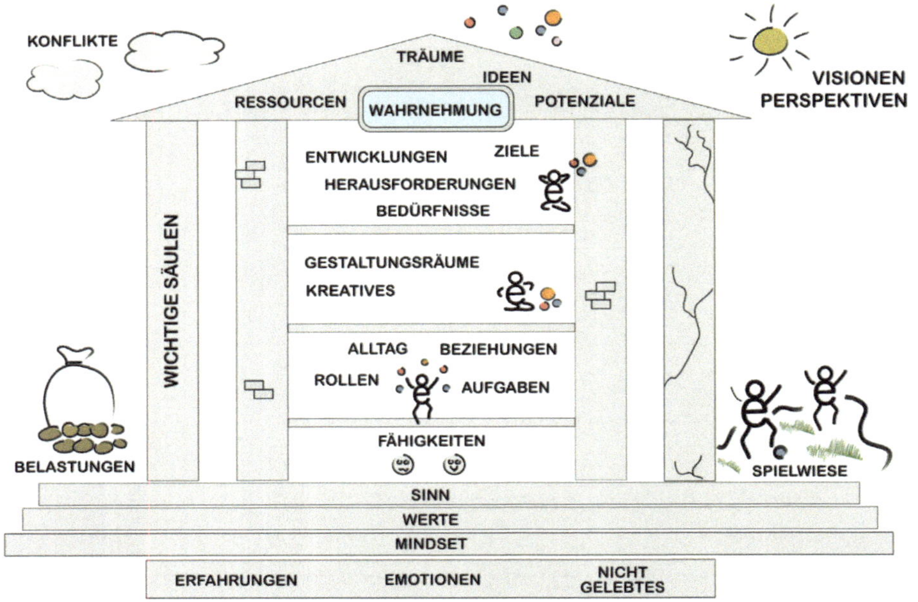

Das House of Life lädt zur metakognitiven Betrachtung der eigenen Lebenswelt ein. Es ermöglicht tiefere Einblicke in die eigene Lebensgestaltung und damit verbundene Wünsche, Aufgaben und Herausforderungen.

Persönliche Potenziale und Entwicklungsmöglichkeiten sowie eigene Ressourcen, persönliche Stärken und Schwächen werden im Coachingprozess beziehungsweise im Selbstcoaching ermittelt. Gleichzeitig werden Belastungen, Konflikte und ungeklärte Situationen ausfindig gemacht. Zentrale Grundlagen und Grundfragen der Lebensgestaltung werden aufgedeckt. Es wird nach bevorstehenden Umbrüchen und gewünschten beziehungsweise notwendigen Veränderungen geschaut. Träume und Sehnsüchte und Bedürfnisse – insbesondere auch unerfüllte, unbewusste oder vergessene – werden aufgespürt.

Das House of Life fördert die Selbsterfahrung und Selbstreflexion. Zusätzlich liefert es wertvolle Informationen über die gegenwärtige »Lebenswelt«, den persönlichen Leidensdruck, die Veränderungsbereitschaft und -motivation. Bei der Durchführung sind zwei Varianten möglich:

- *Stille Übung einzeln oder in der Gruppe:* Die Coachees gehen das House of Life im Geiste durch und machen sich Notizen. Anschließend werden die gewonnenen Einsichten und Erkenntnisse zu den verschiedenen Bereichen gemeinsam durchgesprochen.
- *Begleitete Einzelarbeit:* Coaches und Coachees bleiben eng in Verbindung. Gemeinsam suchen sie die verschiedenen Bereiche auf. Fragen werden gestellt, auf bemerkenswerte Aspekte hingewiesen, wichtige Erkenntnisse und Gedanken gesammelt.

Bei Gruppen empfehle ich das House of Life auf ein DIN-A3-Blatt auszudrucken. Sie können es auch mit Klebeband auf dem Boden abbilden. In dem Fall kann zusätzlich mit Figuren und Symbolkarten gearbeitet werden.

Schaue dir nun die verschiedenen Bereiche an, die das House of Life in sich vereint. Zu den einzelnen Bereichen gibt es eine Reihe von Fragen. Lese zunächst erst einmal alles in Ruhe durch.

Die verschiedenen Bereiche des House of Life

- *Dachboden:* Träume – Ideen – Ressourcen – Potenziale
  - Was willst du in deinem Leben zukünftig gestalten und erleben?
  - Welche großen, besonderen oder außergewöhnlichen Träume, Ideen und Wünsche hast du für dich und dein Leben?
  - Gibt es Ideen, Wünsche oder Träume, die gegenwärtig (noch) unrealistisch, verrückt oder weit weg erscheinen?
  - Welche Ressourcen, Fähigkeiten oder Potenziale werden noch nicht genutzt?
  - Was hat in deinem Leben einen besonderen Wert? Was sind persönliche Schätze (Erlebnisse, Fähigkeiten, Erfolge, Ressourcen, Dinge, persönliche Eigenschaften)?
  - Was siehst und findest du auf dem Dachboden deines Lebens? Wie fühlst du dich dort?
- *Sonne:* Vision – Perspektive
  - Welche persönlichen Chancen birgt die Zukunft?
  - Was wäre das Beste, was passieren kann?
  - Wie könnte sich das eigene Leben bestenfalls entwickeln? Welche positiven Entwicklungen und Veränderungen sind denkbar?
  - Was strebst du in der eigenen Lebensgestaltung proaktiv an?

- Worauf liegt mittel- und langfristig der Fokus?
- Worauf möchtest du dein Leben ausrichten?

- *Säulen:* Lebensbereiche – Lebensinhalte
  - Auf welche wichtigen Bereiche erstreckt sich deine Lebensgestaltung?
  - Was sind zentrale Lebensinhalte?
  - Was gibt Stabilität und innerlich Halt?
  - Wo ist die größte Unausgewogenheit und Instabilität?
  - Wo gibt es Anzeichen für eine größere Veränderung, eine Krise oder einen Umbruch?
  - Was soll oder muss erneuert, neu gestaltet oder wiederbelebt werden?
- *Spielwiese:* Lebensfreude – Leichtigkeit – Experimentelles – Freiräume
  - Gibt es Zeiten und Räume für Spielerisches, Experimentelles?
  - Wo liegen deine persönlichen Freiräume?
  - Wann oder wobei entsteht Leichtigkeit?
  - Was bringt maximale Erleichterung, Spaß und Freude?
  - Was belebt beziehungsweise wirkt ausgleichend und erholsam?
- *Wolken*
  - Wo gibt es Konflikte (innere, äußere)?
  - Was stört oder entwickelt sich ungünstig?
  - Wo kommt es häufig zu Auseinandersetzungen und Unstimmigkeiten?
  - Welche Konflikte überschatten dein Leben?
  - Wo brennt es akut, und wo »donnert und blitzt« es regelmäßig?
- *Erdgeschoss*
  - Was bringst du persönlich mit? Über welche Fähigkeiten, Kompetenzen, Kenntnisse, persönlichen Voraussetzungen verfügst du?
  - Inwieweit bist du aktuell fähig, das eigene Leben selbst zu gestalten? Wie schaut es aus mit grundlegenden »Life Skills«?
  - Was sind in Anbetracht deiner eigenen Lebensgestaltung persönliche Stärken oder Schwächen?
  - Was möchtest oder müsstest du noch lernen?
  - Was benötigst du, um dich und dein Leben weiterzuentwickeln?
- *Erstes Obergeschoss:* Rollen – Beziehungen – Alltag – Aufgaben
  Rollen
  - Welche Rollen hast du in der Gestaltung deines Lebens?
  - Welche Rollen spielst du immer wieder? Welche manchmal? Welche nie?
  - Wie flexibel beziehungsweise festgelegt bist du in den verschiedenen Rollen?

  - Welche Rollen bestimmst du selbst? Welche empfindest du als von außen fest zugeschrieben?

  Beziehungen
  - Welche Arten von Beziehungen hast beziehungsweise lebst du?
  - Wie ist deren Qualität?
  - Welche Beziehungen sind fest? Welche sind beweglich?

  Aufgaben
  - Was sind deine wichtigsten, alltäglichen Aufgaben?
  - Was ist erfüllend? Was ist für dich eher lästig und störend?
  - Wo gibt es Blockaden oder Widerstände?
  - Welche neuen Aufgaben zeichnen sich ab?

  Alltag
  - Wie erlebst du den Alltag?
  - Wie erlebst du dich im Alltag?
  - Wie fühlst du dich täglich?
  - Wie starr beziehungsweise flexibel ist deine Lebensgestaltung?
- *Zweites Obergeschoss:* Gestaltungsräume – Kreatives
  - Was würdest du in deinem Leben gern schöpferisch hervorbringen?
  - Wie entfaltet sich deine eigene Kreativität? In welchen Bereichen?
  - Inwieweit lässt die Lebensgestaltung Raum für Selbstausdruck und Kreatives?
  - Was könnten in Zukunft kreative Aktivitäten sein?
  - Wo gibt es Gestaltungsräume?
- *Drittes Obergeschoss:* Entwicklungen – Ziele – Herausforderungen – Bedürfnisse
  - Welche Herausforderungen möchtest du in der nächsten Zeit beziehungsweise langfristig bewältigen?
  - Welche Ziele willst du in deiner Lebensgestaltung zukünftig verfolgen?
  - Was sind bevorstehende »big Steps«?
  - Wo gibt es Ambivalenzen, Unsicherheiten oder Unklarheit?
  - Welche Ansprüche oder Erwartungen stellst du an dich selbst?
  - Welche Bedürfnisse werden möglicherweise nicht erfüllt?
  - Was sind akute, wichtige Bedürfnisse?
  - Wie könnte dein Ziel im Coaching lauten?
- *Sack mit Steinen:* Belastungen
  - Was ist derzeit deine größte Belastung (innerlich, außen)?
  - Was kostet dich am meisten Kraft?

- Welche (Lebens-)Fragen oder Themen schleppst du mit dir herum?
- Was wirst du einfach nicht los?
- Was wird für dich einfach nicht leichter?

• *Treppen:* Sinn – Werte – Mindset
  - Unter welcher Überschrift würdest du den Sinn beziehungsweise den Wert deines Lebens zusammenfassen?
  - Wenn es ein Motto gäbe für das, was sich im House of Life abspielt, wie lautet es? Kurz gesagt: »Das ist ein Haus der/des ...« Oder: »Das oberste Lebensprinzip im House of Life ist ...«
  - Auf welchen Werten beruht dein Leben?
  - Wo stimmen Werte und Lebensgestaltung nicht überein?
  - Inwiefern erlebst du dein Leben als sinnhaft? Worin besteht die Sinnhaftigkeit?
  - Was sind die wichtigsten persönlichen Überzeugungen, Annahmen oder Ideen, nach denen du dein Leben gestaltet?
  - Welche innere Einstellung (Mindset) leitet dich in der Lebensgestaltung (Growth oder Fixed)?
  - Was möchtest du grundlegend in deiner Lebenshaltung verändern?

• *Keller:* Erfahrungen – Emotionen – nicht Gelebtes
  - Über welche vergangenen Erfahrungen, Erinnerungen und Prägungen verfügst du?
  - Was kann man darüber hinaus im Keller finden: Was wurde vergessen oder verdrängt? Was ist mittlerweile überflüssig und kann weg? Was hat bislang (möglicherweise unbemerkt) geschlummert, wird oder wurde nicht gelebt und hat eine Auswirkung auf dein Leben?
  - Gibt es Hinweise auf bedeutsame Themen: persönliche Geheimnisse, unausgesprochene Sehnsüchte, unterdrückte Emotionen und Gefühle, wichtige Kindheitserlebnisse, Traumata ...?
  - Was siehst du, wenn du dich umschaut? Wie fühlst du dich dort?

• *Fenster:* Wahrnehmung
  - Wie ist die Außenwirkung? Was nimmt die Umwelt wahr?
  - Wie kommt das an, was nach außen dringt?
  - Was sehen, denken oder empfinden andere Menschen in Bezug auf dein Leben?
  - Wie würden andere Menschen die Lebensgestaltung beschreiben? Was würden sie sagen, wer in diesem »Haus wohnt«?
  - Wie sieht es innen aus? Was sehen andere nicht?

- Woran erkennt das Umfeld, dass es dem Haus gerade »gut« oder »schlecht« geht beziehungsweise wie es darin zugeht?
- Was wurde schon geäußert als Sorge, Feedback oder Kritik?

Bitte beachten!

Etagen und Bereiche können abhängig vom Zeitrahmen und der Fragestellung weggelassen, ergänzt oder umbenannt werden. Im Einzelsetting sollte auf eine gute Balance zwischen zügiger Führung und ruhiger Begleitung geachtet werden. Wenn Coachees dazu übergehen, gedanklich stark zu interpretieren oder zu rationalisieren, kann ein direkter Hinweis nötig werden. Das persönliche Erleben soll den Schwerpunkt bilden.

Nicht vergessen: Es lohnt sich, die flexiblen beziehungsweise stabilen Seiten, Anteile und Rollen in den Blick zu nehmen, denn diese sind für spätere Veränderungsprozess ganz wichtig und entscheidend!

Du bist nun eingeladen, deinen Rundgang durch dein Leben aktiv anzugehen. Erkunde dein House of Life! Du kannst dein gegenwärtiges Leben entweder als Ganzes betrachten oder dir einen einzelnen Lebensbereich (zum Beispiel Familie, Arbeit, Partnerschaft, Gesundheit) aussuchen. Entscheide dich bitte für eine der beiden Varianten, je nachdem, was dir gerade mehr dient.

Dann geht es auch schon los. Du selbst wählst, wo es losgeht und in welcher Reihenfolge du vorgehst. Sei einfach neugierig, bewege dich durch alle Bereiche und lerne dein Leben aus einer übergeordneten Perspektive kennen. Wahrnehmen, fühlen, erleben … Betrachte dein Leben, als würdest du ein spannendes Haus oder Museum zum ersten Mal in deinem Leben besuchen und durchwandern.

Notiere nun deine Beobachtungen. Am besten schreibst du deine Ideen in ein separates Notizheft. Im Logbuch kannst deine Ergebnisse festhalten.

Was gefällt dir an deinem House of Life? Worauf bist du besonders stolz?

………………………………………………………………………………

………………………………………………………………………………

Was waren deine wichtigsten Einsichten und Erfahrungen?

....

....

Was waren besonders intensive oder erstaunliche Momente?

....

....

Was hat dich überrascht oder irritiert?

....

....

Was bedeuten die Einsichten für deinen Lebensentwurf? Zu welchen persönlichen Schlüssen und Ergebnissen kommst du ganz konkret?

....

....

....

Womit willst du dich weiterhin befassen?

....

....

Nun gehe in Gedanken in die Zukunft: Wie soll mein House of Life aussehen …

… in ein paar Wochen?

……………………………………………………………………………………………

……………………………………………………………………………………………

……………………………………………………………………………………………

… in ein bis zwei Jahren?

……………………………………………………………………………………………

……………………………………………………………………………………………

……………………………………………………………………………………………

… in fünf bis zehn Jahren?

……………………………………………………………………………………………

……………………………………………………………………………………………

……………………………………………………………………………………………

Welche Unterstützung oder Hilfe wünschst du dir?

……………………………………………………………………………………………

……………………………………………………………………………………………

……………………………………………………………………………………………

Purpose of Life

Menschen sind Sinnsucher und Sinnfinder. Wenn wir unserem Leben einen Sinn schenken können, sind wir innerlich erfüllt, resilient und zu vielem fähig. Können wir in der eigenen Lebensgestaltung keinen Sinn erkennen beziehungsweise herstellen, gehen infolgedessen der persönliche Sinn oder das Gefühl der Sinnhaftigkeit des eigenen Lebens ganz beziehungsweise in einzelnen Bereichen verloren, sind wir emotional zum Beispiel gelangweilt, frustriert, apathisch, gereizt, deprimiert. Wir fühlen uns entweder gestresst und überladen oder unterfordert und demotiviert. Bisweilen erleben wir eine wechselhafte Mischung aus beidem. Stellt sich in der Lebensgestaltung Sinnleere ein, deutet dies häufig darauf hin, dass Menschen anhaltend – bewusst oder unbewusst – eigene, wichtige Bedürfnisse übergehen und nicht die Schritte unternehmen, die eigentlich angezeigt sind, das eigene Leben zu verändern. Viele Menschen suchen in dieser Situation nach einem Sinnersatz und gestalten ihr Leben nicht mehr selbstwirksam und selbstbestimmt. Die Identifikation mit dem eigenen Leben sinkt. Das äußert sich auch darin, dass sich die Bereitschaft verringert, Verantwortung zu tragen und sich verlässlich für sich und das eigene Leben einzusetzen.

Mit der Definition des persönlichen Lebenssinns wird eine Grundrichtung in der eigenen Lebensgestaltung erkennbar. So gelangen wir zu einer groben Vorstellung, wozu wir unsere Begabungen, Fähigkeiten und Ressourcen einsetzen und in die Lebensgestaltung einfließen lassen können. Das gibt innerlich Halt und Sicherheit.

Manches schenkt beständig Sinn, anderes nur in bestimmten Lebensperioden oder innerhalb bestimmter Beziehungen. Mit dem Eintritt in neue Lebensphasen und -aufgaben verschiebt sich meist der Fokus. Es entwickeln sich neue Möglichkeiten und Prioritäten. Anderes rückt in den Mittelpunkt oder wird urplötzlich entdeckt. Auch das Alter spielt eine Rolle, wir haben an Erfahrung und Weisheit gewonnen und stehen vor ganz neuen Aufgaben und Herausforderungen. So entwickeln viele mit der Zeit einen anderen Blick auf das Leben und ihnen steht sprichwörtlich der Sinn nach etwas anderem.

Das ist in Ordnung. Der Lebenssinn kann ebenso wie der Lebensentwurf selbst jederzeit neu definiert, kreiert und ausgestaltet werden. Wir können in der eigenen Lebensgestaltung jederzeit aktiv tätig werden und eine tiefe Liebe zu uns und dem eigenen Tun entwickeln. Ein sinnvolles Leben lässt sich auf vielfältige Weise gestalten. Nun kannst du den Sinn in deiner Lebensgestaltung erforschen, erkennen und formulieren.

Folgende, mit Sinn erfüllte Momente, Ereignisse oder Aktivitäten in meinem Leben habe ich erfahren ...

... als Kind:

....

....

... als Jugendliche(r):

....

....

... als junge(r) Erwachsene(r):

....

....

... im Erwachsenenalter:

....

....

....

Sinnhaftigkeit empfinde ich, wenn ich ...

....

....

Sinnlosigkeit empfinde ich, wenn ...

....

....

Mein Leben entwickelt sich sinnhaft, wenn es mir gelingt ...

....

....

Was kann beziehungsweise will ich tun, um meinem Leben Sinn zu verleihen? Was ist bedeutsam? Wofür will ich mein Leben einsetzen?

Gegenwärtig:

....

....

Zukünftig:

....

....

Für die Gestaltung meines Lebensentwurfs bedeutet das konkret:

....

....

....

Auf welcher tiefen, persönlichen Überzeugung, Erkenntnis, Idee beruht deine Lebensgestaltung?

- Formuliere deine wichtigste Lebensüberschrift.
- Bilde sie in der Mitte des Kreises ab.
- Du darfst schreiben, malen, zeichnen, kleben ...
- Sei gern kreativ!

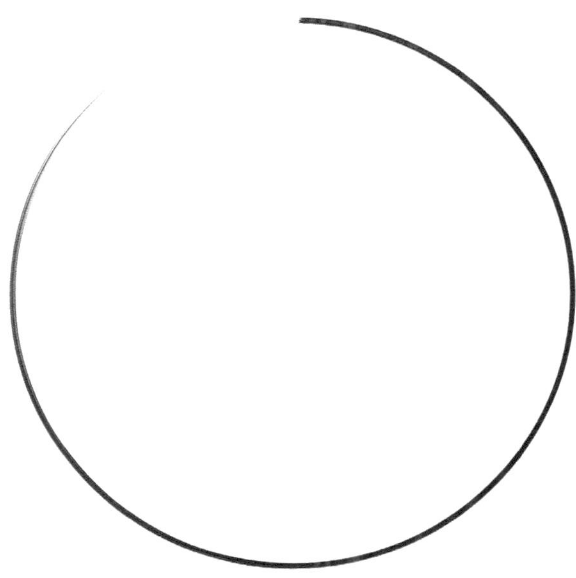

Halte außerhalb des Kreises (schriftlich, als Skizze oder Fotocollage) die wichtigsten Situationen fest, in denen dieser Purpose of Life spürbar war beziehungsweise ist, und gern auch, welche Erfahrungen, Erlebnisse oder Momente du dir dahingehend noch wünschst oder gestalten möchtest.

Du kannst innen oder außen beginnen, je nachdem, was dir leichter fällt.

Du kannst auch gern alles auf einem DIN-A3-Blatt festhalten oder vielleicht sogar auf einem Flipchartbogen arbeiten. Im Logbuch kann du dir anschließend das Foto davon hineinkleben.

Werte und Lebensgestaltung

Die persönliche Wertehaltung beschreibt, was individuell lebenswert ist und bedeutsam erscheint. Sie zeigt auf, was Menschen in ihrem Leben zum Ausdruck bringen möchten und was persönlich wichtige Lebensinhalte und -aufgaben sind. Werte helfen uns also, uns in der Gestaltung unseren Lebens zu orientieren und auszurichten. Sie zeigen sich in dem, was wir tun (oder unbewusst lassen).

Entscheidungskonflikte und -schwierigkeiten können mit unbewussten, unklaren Werten zusammenhängen, einer großen Wertevielfalt entspringen oder auf unvereinbare oder konkurrierende Werte zurückgehen. Persönliche Verstrickungen, Umwege oder Fehlentscheidungen können die Folge sein. Darum ist das sorgfältige Abwägen und die persönliche Einordnung der eigenen Werte so wichtig.

Für die Gestaltung des eigenen Lebensentwurfs ist eine gewisse Wertekompetenz grundlegend. Dazu gehört die Fähigkeit, Werte erkennen, ausdehnen, gegenüberstellen und wohlbedacht zurückweisen zu können. Nicht immer lassen sich dabei alle persönlich bedeutsamen Werte vollkommen zufriedenstellend unter einen Hut bringen oder in jedem Lebensbereich gleichermaßen berücksichtigen. In der Regel ist etwas Kreativität und Flexibilität nötig, um zu einem ausgewogenen, authentischen und in sich weitgehend schlüssigen Gesamtkonzept zu kommen. Lebensentwurf und Lebensgestaltung kannst du auf Basis deiner Werte immer wieder modifizieren und angepassen.

Du kannst nun deine wichtigsten Werte ermitteln und anschließend überprüfen, inwieweit deine Werte und deine Lebensgestaltung zusammenpassen und welche Optionen sich bieten, dich und dein Leben auf Basis dieser Werte weiterzuentwickeln.

Schritt 1: Stelle zuerst in Ruhe ein paar Vorüberlegungen an.

Was ist dir in deiner Lebensgestaltung extrem wichtig?

....

....

Was erfährt von dir besondere Achtung, Aufmerksamkeit, Anerkennung? Und was denkst du, warum das so ist?

....

....

....

In was investierst du regelmäßig viel Energie, Zeit, Geld ...? Was verbindest du letztendlich damit?

....

....

....

Was sind deine größten Ziele oder Wünsche, die dich sehr glücklich machen würden, wenn sie erfüllt wären? Worum geht es dabei im Kern? Was willst du erfahren?

....

....

....

Welche menschlichen Eigenschaften schätzt du sehr, auch bei anderen Menschen?

....

....

Hast du in deinem Leben schon einmal mit verschiedenen Optionen gekämpft? Wie hast du entschieden? Und was hat dich dazu bewogen?

....

....

....

Was hat dich in der Vergangenheit bei großen Entscheidungen und Veränderungen geleitet?

....

....

Welche Rollen, Aktivitäten, Beziehungen, Gegenstände liegen dir besonders am Herzen? Welche Werte kannst du damit in Verbindung bringen?

Rollen ....

....

Aktivitäten ....

....

Beziehungen ....

....

Gegenstände ....

....

Womit kannst du emotional gar nicht gut umgehen? Was verletzt, frustriert, enttäuscht, demotiviert dich extrem? Welche Werte werden vermutlich missachtet oder angegriffen?

....

....

....

Was war die schönste Wertschätzung, die du im Leben je erfahren hast?

....

....

....

Wie bringst du anderen gegenüber deine Wertschätzung zum Ausdruck?

....

....

....

Wer oder was erfährt in deinem Leben anhaltend zu wenig Wertschätzung?

....

....

....

Welche Werte kommen in deiner Lebensgestaltung zu wenig zum Ausdruck?

....

....

....

....

....

....

Was würdest du ganz spontan sagen: Was ist dein größter oder wichtigster Wert im Leben?

....

....

....

....

....

....

Schritt 2: Bestimme nun mithilfe der Wertesammlung auf der nächsten Seite, welche Werte dich in deiner Lebensgestaltung hauptsächlich leiten. Wähle maximal 15 Begriffe aus, indem du sie einkreist. Diese Wertesammlung und die Tabelle zur Einordnung deiner Kernwerte von Seite 95 findest du ebenfalls bei den Online-Materialien.

Selbstvertrauen Luxus Sauberkeit Schutz Seriosität Sicherheit
Demut Effektivität Weitsicht Ästhetik Innovation Dankbarkeit Effizienz Treue
Abenteuer Ausdauer Wohlstand Entschleunigung Bewegung Anstand Idealismus
Würde Nächstenliebe Tradition Ausgeglichenheit Lebensfreude Kompromissbereitschaft
Begeisterung Aufmerksamkeit
Einfluss Präzision Teilen Belastbarkeit Loyalität Toleranz Pflichtgefühl
Gemeinschaft Geduld
Großzügigkeit Achtsamkeit Stille Beharrlichkeit Familie
Exzellenz Erfahrung
Schönheit Empathie Liebe Verantwortung Wärme
Kreativität Selbstfürsorge Interesse Fortschrittlichkeit Aktivität Innovation
Ausgewogenheit Transparenz Freundlichkeit Intimität Mut
Realismus Freiraum
Nachhaltigkeit Austausch Ruhe Courage Respekt
Sanftmut
Bewusstheit Wachstum
Disziplin Humor Agilität Authentizität Vertrauen
Inspiration
Rücksichtnahme Wachsamkeit Tiefe Phantasie
Treue Andersartigkeit
Minimalismus
Kommunikation Friede Aufgeschlossenheit Stärke Gemütlichkeit
Ansehen
Intuition Präsenz Unabhängigkeit
Zusammenhalt Integrität Altruismus Nachhaltigkeit

WERTE

Mäßigung Verständnis Bildung Männlichkeit Beziehungen Vorsicht
Intelligenz Aktualität Bescheidenheit Rechtschaffenheit
Macht Freigeistigkeit Pragmatismus Weiblichkeit Leichtigkeit
Demut Durchsetzungsfähigkeit Fairness
Professionalität Klarheit Lust
Vollkommenheit Zufriedenheit Hingabe Fitness
Wandlungsfähigkeit Willensstärke
Spiritualität Fürsorglichkeit Pünktlichkeit Zuversicht
Konsequenz Menschlichkeit Fleiß
Neutralität Tradition Gesundheit Wachstum
Akzeptanz Romantik Entwicklung Standfestigkeit Höflichkeit Sorgfalt
Abwechslung
Tapferkeit Friedfertigkeit Verbundenheit
Teamgeist Bodenständigkeit
Gerechtigkeit Freundlichkeit Harmonie
Kontrolle
Besonnenheit
Ehrlichkeit Leidenschaft Sensibilität Wissen Ordnung
Sexualität
Offenheit Wohlstand Anerkennung Sympathie
Sicherheit Flexibilität Gewaltfreiheit
Engagement Güte
Neugier Optimismus Kooperation
Muße
Geschicklichkeit Häuslichkeit
Klugheit Hoffnung
Verlässlichkeit Bescheidenheit Wertschätzung Motivation
Anmut Herzlichkeit
Fülle Hilfsbereitschaft
Freiheit Lernen
Selbstbewusstsein Konfliktfähigkeit
Leistung
Solidarität Lebendigkeit Großherzigkeit Vielfalt Spaß
Ehrgeiz

Schritt 3: Nimm jetzt eine Reduktion vor, sodass sechs Werte übrig bleiben. Dies sind deine Kernwerte. Notiere sie hier in Reihenfolge ihrer Wichtigkeit.

Meine Kernwerte

1. ……………………………… 2. ………………………………

3. ……………………………… 4. ………………………………

5. ……………………………… 6. ………………………………

Schritt 4: Trage als Nächstes deine Kernwerte untereinander in die Tabelle ein, und zwar in die Kreise der linken Spalte. Führe dann in der obersten Zeile nebeneinander alle wichtigen Bereiche deines Lebens auf, in denen du deine Werte lebst beziehungsweise leben willst (zum Beispiel Arbeit, Partnerschaft, Kinder … und so weiter).

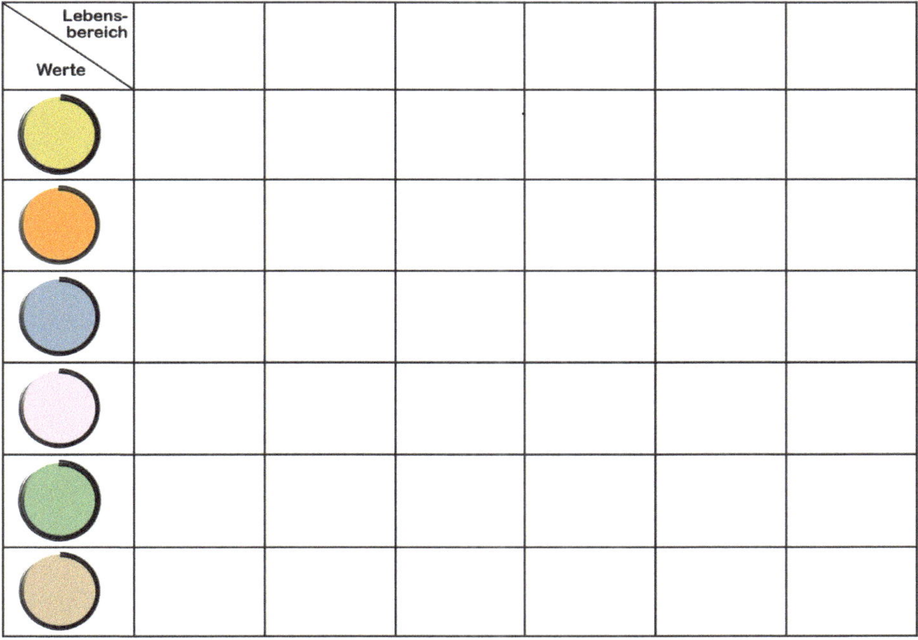

Lebens-bereich / Werte						

Skala: 1 = Ich verwirkliche den Wert nicht. 10 = Ich verwirkliche den Wert voll und ganz.

Schritt 5: Jetzt kannst du auswerten, inwieweit deine Kernwerte mit deiner Lebensgestaltung zusammenpassen. Gehe jeden deiner Werte einzeln durch und schätze anhand einer Skala von 1 bis 10 ein, inwieweit der jeweilige Wert in den verschiedenen Bereichen durch dich verwirklicht wird. 1 bedeutet »Ich verwirkliche diesen Wert gar nicht« und 10 bedeutet »Ich verwirkliche diesen Wert voll und ganz«.

Schritt 6: Nach der Auswertung beantworte für dich die folgenden Fragen.

Welche Werte erfahren in deiner Lebensgestaltung am meisten Beachtung?

....

....

....

Welche Werte werden missachtet oder erfahren zu wenig Beachtung?

....

....

....

Was sagt die Passung zwischen Werten und Lebensgestaltung über dich und deine Lebensführung aus?

....

....

....

Was möchtest du gern verändern?

....

....

....

Welche wegweisenden Entscheidungen könntest du treffen, um deine persönlichen Werte stärker zu leben?

....

....

....

Was soll dein neuer Lebensentwurf widerspiegeln? Was fällt dir spontan dazu ein?

....

....

....

....

....

....

....

What Happened

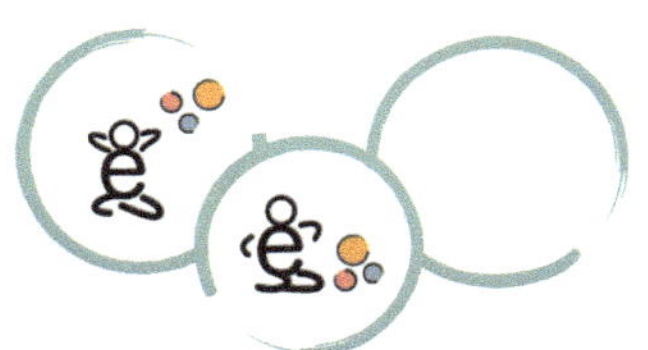

Oft sorgt die Angst vor Fehlern dafür, dass Menschen nicht den Mut aufbringen, in ihrem Leben mutige Schritte zu gehen. Der neue Lebensentwurf wird blockiert oder hinausgezögert. Was ist, wenn ich falsch liege? Was mache ich, wenn es rückblickend ein Fehler war, diesen Weg einzuschlagen? Was geschieht, wenn meine Idee nicht aufgeht? Was ist, wenn mein Entschluss falsch war? Bei diesen Überlegungen bleiben viele stehen, und es kommt nicht nur Umsetzung.

Nun, Fehler zu machen ist nicht angenehm, aber sie gehören zum Leben. Jeder Mensch macht Fehler in der eigenen Lebensgestaltung. Darum ist es gut, sich selbst von unrealistischen Erwartungen zu befreien. Ein Lebensentwurf muss nicht zu 100 Prozent stimmen und auch nicht eins zu eins umgesetzt werden. Es dürfen Fehler passieren. Es darf anders kommen. Es darf sich Neues ergeben. Es genügt, einen Prototypen zu finden und diesen immer weiterzuentwickeln.

Prinzipiell sind Fehler gar nicht so schlimm, wenn wir davon ausgehen, dass wir im Nachhinein fähig sind, mit ihnen umzugehen, etwas Wertvolles aus ihnen zu lernen, sie zu korrigieren oder ihre Folgen abzumildern. Ich verstehe Fehler als Hinweise darauf, wo wir persönlich noch wachsen können. Aus diesem Grund ist die Beschäftigung mit den eigenen Fehlern, die in der Lebensgestaltung begangen wurden, sehr lohnend.

Ein Fehler zeigt an, dass etwas gefehlt hat. Zunächst einmal nicht mehr und nicht weniger. Diese Definition führt direkt zur Frage nach dem, was gefehlt hat. Genau diese Frage ist aus meiner Sicht hochspannend. Sie lenkt den Blick auf die persönlichen Entwicklungspotenziale. Sie gibt direkt Aufschluss darüber, was wir selbst tun können oder müssten, um in Zukunft eine andere Erfahrung zu machen.

Fehler regen also zu persönlichem Wachstum und zu Weiterentwicklung an. Wenn es tatsächlich gelingt, Wertvolles aus den eigenen Fehlern zu lernen, ist Selbstakzeptanz leichter möglich und das Leben wird wieder gestaltbar. Die Zuversicht und das Selbstvertrauen in die eigenen Fähigkeiten wachsen.

Die folgende Auseinandersetzung mit den eigenen Fehlern fördert ein neues Fehlerverständnis, im Allgemeinen und ganz persönlich. Fehler werden erforscht, um zu neuen Ansätzen und Entwicklungsmöglichkeiten im Hinblick auf die zukünftige Lebensgestaltung zu gelangen. Auf diese Weise kannst du Fehler, die du im Leben gemacht hast, umfassender verstehen und daraus wertvolle Schlüsse für deine Lebensgestaltung in Zukunft ableiten. Außerdem kannst du dir selbst eigene Versäumnisse und Unvollkommenheiten leichter vergeben und ab sofort wieder aktiv Verantwortung für dich und dein Leben übernehmen.

Lies dir zunächst die einzelnen Bereiche und die Fragen durch. Du kannst dir anschließend Notizen machen.

Auswirkungen und Ausmaß:
- Was waren Auswirkungen und Folgen?
- Zu welchen Veränderungen, Reaktionen und Resultaten kam es?
- In welchem Ausmaß (zum Beispiel leichtgradig, überschaubar, tiefgreifend, gravierend)?

Kontext:
- Wie war die Situation?
- Was ging dem Fehler voraus? Welche Geschichte, Entwicklung oder Ähnliches?
- Wer oder was war beteiligt?
- Wie war die Stimmung, die Atmosphäre?
- Welche Gefühle oder Gedanken traten auf?

Persönliche Bedeutung und Dimension:
- Welche Erinnerungen bestehen? Welche Gefühle, Gedanken, Bilder oder Sinneseindrücke tauchen (möglicherweise immer wieder) auf?
- Was hat der Fehler persönlich ausgelöst?
- Welche persönlichen Auswirkungen hatte beziehungsweise hat der Fehler (zum Beispiel auf das eigene Selbstkonzept, den Selbstwert, die persönliche Haltung, das Lebensgefühl, die Lebensgestaltung und so weiter)?
- Inwieweit erschwert oder beeinträchtigt der Fehler die persönliche Weiterentwicklung?
- Bestehen in dem Zusammenhang Ängste, Schuldgefühle, Alpträume, traumatische Erlebnisse?

Schema:

- Trat der Fehler einmalig auf oder kam es zu Wiederholungen (vereinzelt oder musterhaft)?
- Um was für einen »Fehlertypen« handelt es sich? Wie lässt er sich genauer beschreiben und einordnen? Welche Adjektive charakterisieren den Fehler am besten? Zum Beispiel: unerwartet, vermeidbar, nützlich, intelligent, gefährlich, dumm, strategisch, beabsichtigt, erwartbar, nachlässig, leichtsinnig, unverzeihlich, gedankenlos, sinnlos …

Handhabung:

- Wie wurde beziehungsweise wird der Fehler bewältigt?
- Wie sieht das eigene Fehlermanagement aus?
- Inwieweit wird persönlich Verantwortung übernommen?
- Welche Strategien wurden beziehungsweise werden angewendet oder ausprobiert?
- Was waren beziehungsweise sind kurz-, mittel- oder langfristige Strategien?
- Wurde der Fehler korrigiert? Wodurch und inwieweit? Mit welchem Aufwand?
- Wie wird im Umfeld über den Fehler gesprochen? Wie gehen andere mit dem Fehler um?
- Was hat die Handhabung bewirkt?

Persönliche Quintessenz:

- Zu welcher persönlichen Schlussfolgerung oder Quintessenz hat der Fehler geführt?
- Welche Überzeugungen, Glaubenssätze oder Prägungen gehen auf den Fehler zurück?
- Zum Beispiel: »Nie wieder werde ich …«, »Immer werde ich …«, »Ich bin zu …, um …«, »Ich bin nun mal ein …«

Neubewertung:

- Wie könnte man den Fehler auch anders bewerten oder verstehen (»Reframing«)?
- Welche alternativen Betrachtungsweisen sind denkbar?
- Was hat möglicherweise gefehlt? Was wäre vermutlich notwendig gewesen, damit es nicht zum Fehler kommt? (zum Beispiel Fähigkeit, Einstellung, Ressource, Hilfsmittel, Erkenntnis)?

- Welche neuen Gedanken, Erkenntnisse oder Ideen stellen sich durch die intensive Reflexion und Betrachtung ein?

Lerngewinn:
- Was wurde tatsächlich aus dem Fehler gelernt?
- Zu welchem persönlichen Lerngewinn kam oder kommt es infolge des gemachten Fehlers?
- Zu welchen positiven Veränderungen oder Entwicklungen hat der Fehler letztlich geführt?
- Was ist seit dem Fehler anders?
- Was hat sich in der Lebensführung, in der Lebenseinstellung geändert?
- Inwieweit hat sich die Beziehung zu anderen Menschen beziehungsweise die persönliche Beziehung zu sich selbst verändert?

Integration in den Lebensentwurf:
- Wie wird der Fehler in die eigene Biografie eingebettet?
- Welche Bedeutung hat er für das gesamte Leben?
- Inwieweit wird sich der Fehler schätzungsweise auf das gesamte Leben auswirken?
- Inwieweit ist es möglich, den Fehler anzunehmen und mit ihm zu leben?
- Inwieweit ist es möglich, sich selbst zu vergeben und innerlich Frieden zu schließen? Gibt es Möglichkeiten der Wiedergutmachung?
- Inwieweit beeinflusst der Fehler die Lebensgestaltung in Zukunft?
- Was wird getan oder wäre hilfreich, um ähnlichen oder identischen Fehlern vorzubeugen?
- Welche Schutzmöglichkeiten gibt es?
- Welche Schwächen und Fehler sind akzeptabel? Welche Fehler sind persönlich verkraftbar?

In der Lebensgestaltung passieren Fehler. Sich mit diesen Fehlern einmal ehrlich, intensiv und ganz bewusst auseinanderzusetzen, erfordert durchaus Mut. Im Wesentlichen kann diese Beschäftigung jedoch sehr tröstlich, erleichternd und gewinnbringend sein. Darüber hinaus kann sie deine persönliche Haltung und deine Fehlerwahrnehmung im Konkreten und auch ganz allgemein verändern.

Bist du bereit? – Dann notiere zunächst, welchen Fehler oder welche Fehler du rückblickend und aus deiner heutigen Sicht heraus in deiner Lebensgestaltung begangen hast.

....

....

....

....

....

....

....

....

....

....

....

....

....

....

....

....

Studiere als Nächstes die Fehler-Map und lies nochmals die Fragen zu den einzelnen Bereichen durch.

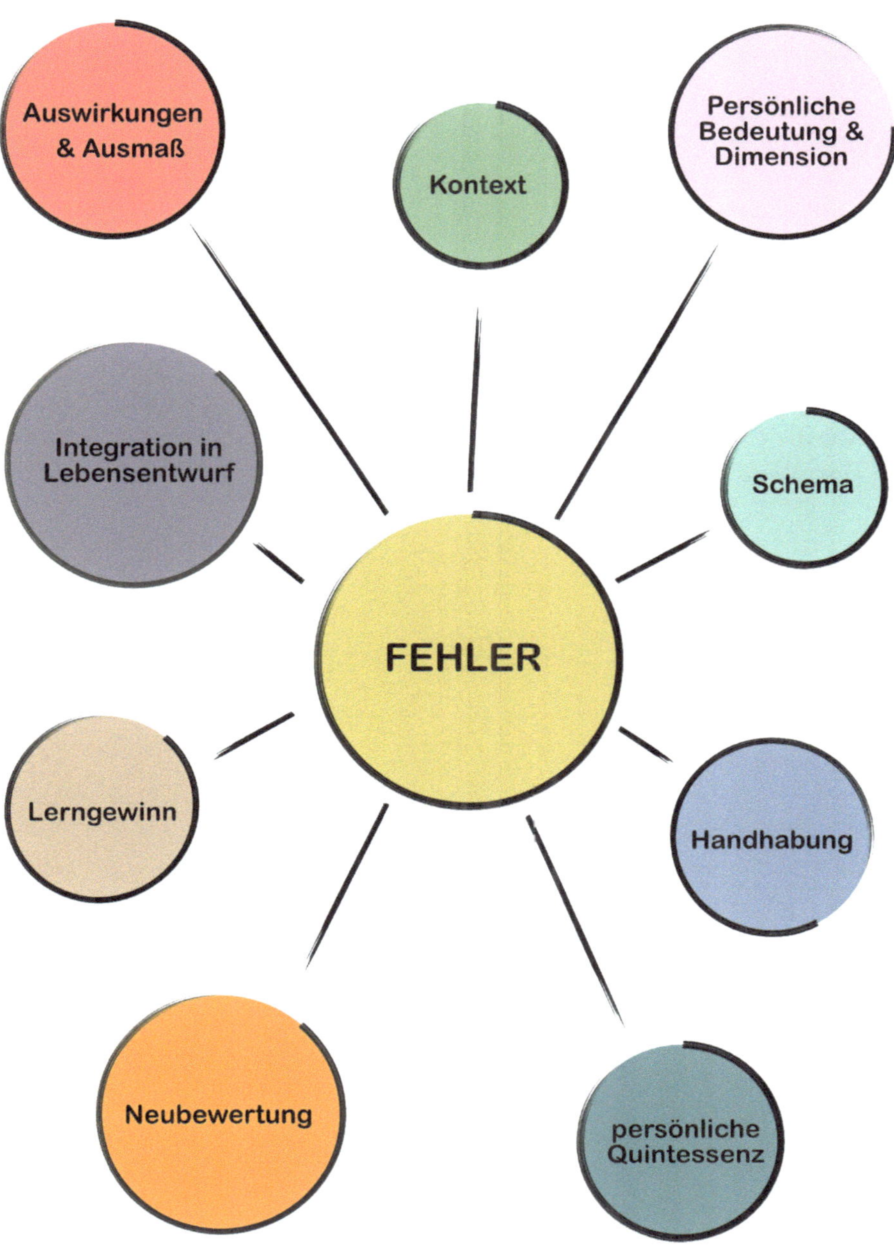

Welchen Fehler möchtest du gern genauer betrachten? Triff eine Auswahl.

....

....

....

....

....

Nimm nun ein paar subjektive Betrachtungen vor. Ziehe dazu als Grundgerüst die in der Fehler-Map beschriebenen Bereiche heran. Nimm den Fehler so richtig unter die Lupe und mache dir Notizen.

....

....

....

....

....

....

....

....

....

....

Überführe anschließend die wichtigsten Erkenntnisse und Gedanken in die leere Fehler-Map. Notiere alles, was für dich bedeutsam ist.

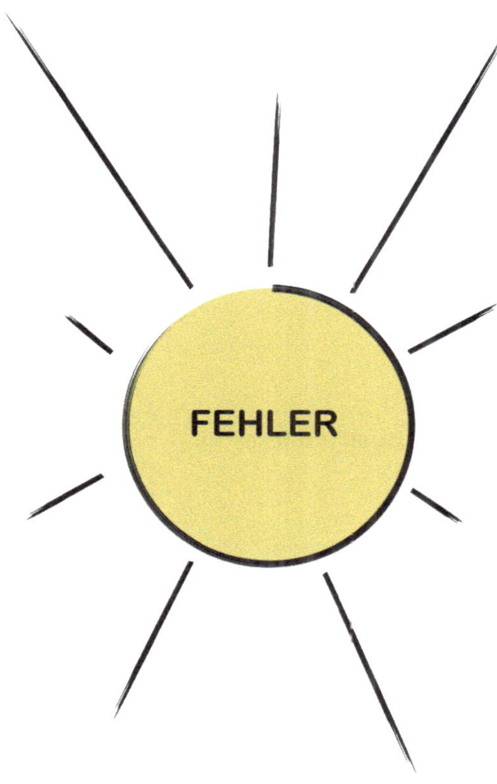

Was hat dir die Auseinandersetzung mit dem Fehler gebracht?

....

....

....

Was war für dich die wichtigste Erkenntnis?

....

....

....

Was hat dich besonders überrascht oder bewegt?

....

....

....

Inwieweit hat sich deine Haltung oder deine Einstellung zum Fehler verändert?

....

....

....

Wie willst du zukünftig mit diesem Fehler umgehen, und wie mit Fehlern im Allgemeinen?

Konkret mit diesem Fehler:

....

....

....

....

....

....

....

Mit Fehlern ganz allgemein:

....

....

....

....

....

....

....

Phase 3: Erfinden

Quick-Check

	trifft voll zu	trifft eher zu	trifft weni-ger zu	trifft nicht zu
Ich kenne meinen Lebensentwurf.				
Mein Leben passt zu mir.				
Mein Leben entwickelt sich positiv.				
Ich verspüre eine große Lust beziehungsweise Sehnsucht mich zu verändern.				
Ich möchte mich im beruflichen Bereich verändern.				
Ich möchte mich im privaten Bereich verändern.				
Ich möchte meinen Alltag neu gestalten.				
Ich möchte mich räumlich verändern.				
Ich möchte mich innerlich weiterentwickeln.				
Ich verfolge derzeit eigene Ideen beziehungsweise Träume.				
Ich habe konkrete, persönliche Ziele, für die ich mich täglich einsetze.				
Meine Lebensgestaltung folgt einer größeren Vision.				

	trifft voll zu	trifft eher zu	trifft weniger zu	trifft nicht zu
Ich weiß, wie ich in Zukunft leben will.				
Ich wünsche mir neue Chancen und Perspektiven.				
Ich benötige dringend eine neue Herausforderung.				
Ich finde, ich könnte in meiner Lebensgestaltung mutiger sein.				
Ich finde, ich könnte in meiner Lebensgestaltung kreativer sein.				
Es gab in meinem Leben schon Situationen, in denen ich sehr kreativ geworden bin.				
Lieber verändere ich mich ganz als nur ein bisschen.				
Ich will mehr Energie, Zeit und Aufmerksamkeit in meine Lebensgestaltung investieren.				
In meiner persönlichen Weiterentwicklung und Lebensgestaltung schwanke ich zwischen verschiedenen Optionen und Möglichkeiten.				
Aktuell fühle ich mich innerlich unklar und orientierungslos.				
Ich habe Angst vor unüberschaubaren Entwicklungen und Situationen.				
Ich spiele in Gedanken oft verschiedene Zukunftsszenarien durch.				
Ich finde es spannend, nicht zu wissen, was auf mich zukommt.				

	trifft voll zu	trifft eher zu	trifft weni-ger zu	trifft nicht zu
Kreativität ist für mich ein Lebensprinzip.				
Ich weiß, dass ich mir vertrauen kann.				
Ich finde immer Wege, auch in Krisenzeiten.				

Wer oder was möchtest du in Zukunft *nicht* mehr sein?

....

....

....

Was möchtest du *nicht* mehr leben?

....

....

....

Was heißt das positiv formuliert? Was darf sich definitiv ändern?

....

....

....

Inwieweit hast du in der Vergangenheit möglicherweise selbst zu wenig kreativ Einfluss auf deine Lebensgestaltung genommen?

....

....

....

In welcher Hinsicht wünschst du dir neue, kreative Ideen, Lösungen oder Herangehensweisen?

....

....

....

Welche große Veränderung oder Entwicklung würde dich rückblickend sehr, sehr glücklich machen?

....

....

....

Welche neue(n) Erfahrung(en) willst du machen?

....

....

....

Was ist im Moment dein größter, mächtigster Wunsch für dich und dein zukünftiges Leben?

....

....

....

....

Was ist dein mutigstes Vorhaben zurzeit?

....

....

....

....

Was denkst du, was könnten wertvolle Inspirationsquellen sein, um dich und dein Leben neu zu erfinden?

....

....

....

....

....

Inner Journey

Bei dieser imaginären Reise durch dein Leben spürst du deinem Lebensentwurf innerlich nach. Dazu habe ich einen Audioclip für dich vorbereitet, den du bei den Online-Materialien findest. Damit diese Übung gelingt, ist es wichtig, dass du dich auf diese, vielleicht neue Selbsterfahrung einlässt und dass du dich im Vorfeld innerlich darauf einstimmst, indem du dich in eine entspannte Haltung begibst und dich bewusst für Impulse aus deinem Inneren öffnest.

Ich bin immer wieder tief berührt von den inneren Bildern, die während der Übung auftauchen und freigelegt werden. Sie wirken oft noch lange nach. Oftmals leiten und begleiten einzelne Bilder die Coachees durch die Phase der Veränderung.

Als Coach lädst du die Coachees zu einer inneren Reise ein, die ihnen helfen wird herauszufinden, wie sie gern leben möchten.

Anschließend kannst du mithilfe der folgenden Fragen die wichtigsten Eindrücke, Erkenntnisse und Ideen frei zu Papier bringen. Reflektiere nun deine Inner Journey. Notiere deine wichtigsten Ideen, Eindrücke und Erkenntnisse.

Was ist für dich und deinen Lebensentwurf essenziell?

....

....

....

....

....

....

Wie willst du dich in deinem Leben verwirklichen?

....

....

Was waren bedeutsame Bilder, wichtige Elemente oder zentrale Aspekte?

....

....

Was hat dich besonders fasziniert, beeindruckt oder bewegt?

....

....

Woran möchtest du dich später noch erinnern können?

....

....

Auf der Seite 116 kannst du dir deine Inner Journey zeichnen.

Zum Schluss nimm dir Zeit für die Auswertung.

Wie willst du leben?

....

....

Was ist dir in der Lebensgestaltung essenziell wichtig – jetzt und in Zukunft?

....

....

Was sind deine wichtigsten Vorhaben und Absichten?

....

....

Worauf willst du dich in der nächsten Zeit fokussieren? Woran willst du konkret arbeiten?

....

....

Wo liegen die größten Herausforderungen?

....

....

In welchen Bereichen beziehungsweise bei welchen Fragen, Themen wünscht du dir weitere Klärung und Unterstützung?

....

....

....

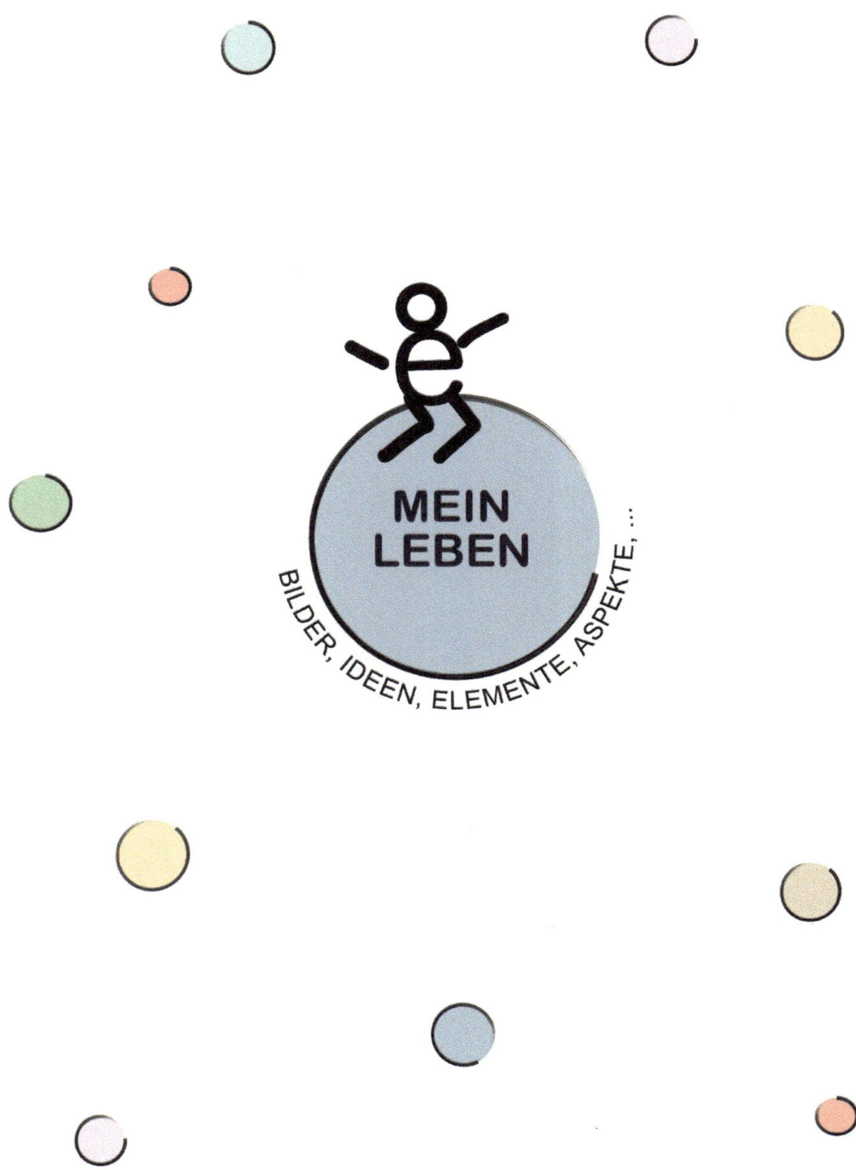
MEIN
LEBEN
BILDER, IDEEN, ELEMENTE, ASPEKTE, ...

Life Cluster

Ein Lebensentwurf beruht auf Lebensabsichten und Ideen. Idealerweise zeigt er, was Menschen in ihrem Leben anstreben, gestalten und erleben möchten. Er ist das persönliche Grundgerüst, um zu leben. Aber was, wenn die Ideen ausufern und immer mehr Fragezeichen und neue Überlegungen aufkommen? Wie können Menschen in der Fülle von Möglichkeiten und Überlegungen das persönlich Lebenswerte auffinden? Wie gelangt man vom Gedankenchaos zum Lebensentwurf?

Mithilfe der folgenden Übung kannst du Gestaltungsräume und Potenziale ausloten und persönliche Überlegungen systematisieren. Gleichzeitig wird die kreative, spielerische Auseinandersetzung mit Fragen und Herausforderungen angeregt. So entwickelst du eine Vorstellung, was perspektivisch, also auch langfristig, insgesamt möglich ist. Durch die Neuordnung und (Re-)Organisation entstehen Prototypen für die künftige Lebensgestaltung.

Du siehst vor lauter Ideen das große Ganze nicht und bist angesichts der verschiedenen Optionen und Möglichkeiten, dich und Leben weiterzuentwickeln, schnell überfordert? Dann hilft dir diese Übung.

Schritt 1: Bitte liste zuerst auf einem separaten Blatt (also nicht hier im Buch!) sämtliche Ideen auf, die dir zur Neu- oder Umgestaltung deines Lebens im Kopf umherschwirren.

- Welche Ideen zur Lebensgestaltung trägst du in dir?
- Was möchtest du eventuell gern realisieren, tun, erleben?
- Gehe alle Bereiche des Lebens durch: Was möchtest du gern unternehmen, verwirklichen?
- Welche Ideen oder Vorhaben gibt es schon länger? Welche Überlegungen sind ganz frisch?
- Was ist mit extrem mutigen, »verrückten« oder unausgegorenen Ideen?
- Welche Ideen oder Vorhaben schwirren dir im Kopf oder Herzen herum?

Achtung! Es spielt keine Rolle, auf welche Lebensbereiche sich die Ideen beziehen und inwieweit diese tatsächlich realisierbar sind. Sie müssen auch keiner bestimmten Ordnung folgen, sondern können einfach »querbeet« zu Papier gebracht werden. Sorge dafür, dass keine Idee verloren geht und halte keine Ideen zurück. Jede Idee ist wertvoll und sollte notiert werden, egal wie sonderbar, aufwendig, abwegig, nebensächlich, utopisch oder unbedeutend oder bedeutend sie erscheint. Je länger deine Liste der Ideen für die Lebensgestaltung wird, desto besser. Es geht darum, deinen Kopf komplett zu »leeren« und jede Idee rauszubringen. Erfahrungsgemäß kommt einiges zusammen.

Schritt 2: Zerteile die Ideensammlung nun mit der Schere, sodass du jede Menge Ideenschnipsel erhältst und jeder Schnipsel eine Idee repräsentiert. Verteile die Schnipsel anschließend mit etwas Abstand im gesamten Raum auf dem Boden.

Schritt 3: Betrachte erst einmal deine Ideenfülle. War beziehungsweise ist dir bewusst, welches schöpferische Potenzial, welchen Reichtum und welches Spektrum an Ideen du in dir trägst? Ist es nicht erstaunlich, wie viele Möglichkeiten du hast, dich und dein Leben weiterzuentwickeln?

Schritt 4: Versuche nun, etwas Struktur in deine Ideensammlung zu bringen. Greife jeden Ideenschnipsel auf und prüfe, ob er sich anderen Schnipseln in irgendeiner Weise zuordnen lässt und ob hierdurch eine neue, sinnvolle Ordnung entsteht. Bewege, sortiere, verbinde, gruppiere oder erweitere ... spiele mit deinen Ideen.

- Was gehört zusammen? Was könnte eine sinnvolle Einheit bilden?
- Was wären interessante, originelle Verknüpfungen?
- Wie könnten Interessen oder Vorhaben clever kombiniert werden?
- Welche spannenden Wechselwirkungen oder Neuverbindungen könnte es geben?
- Welche Entwicklungen oder Aktionsfelder wären langfristig denkbar?
- Was könnte »Hand-in-Hand« realisiert werden?
- Welches Cluster könnte eine starke Wirkung entfalten?

Natürlich ist es angesichts dieser bunten Ansammlung und Auswahl kein Leichtes, zu einem großen Ganzen zu kommen. Gib dir für diese Aufgabe Zeit und suche ganz in Ruhe nach Berührungspunkten. Finde »Dächer« und »Überschriften«. Und notiere auch alle neuen Ideen, die aufkommen.

Was bei genauerer Überlegung zu aufwendig oder unrealisierbar scheint beziehungsweise mit Blick auf die Zukunft doch nicht ernsthaft in Betracht kommt, kann beiseitegelegt werden und eventuell später wieder einfließen.

Schritt 5: Dokumentiere dein Ergebnis nun hier und beantworte anschließend die Fragen.

LIFE CLUSTER

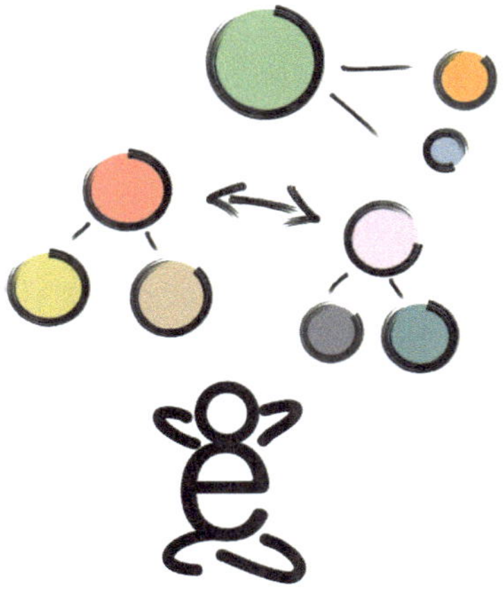

Inwieweit war diese Übung hilfreich für dich?

....

....

....

Was ist für dich klarer geworden?

....

....

....

Wofür steht dein Life Cluster? Was ist dir offensichtlich wichtig?

....

....

....

....

Was sind zentrale Ideen?

....

....

....

Welche Ideen oder Vorhaben willst du nun konkret in Angriff nehmen?

....

....

....

Was benötigst du für die Umsetzung?

....

....

....

Was sind offene Fragen? Wo gibt es noch Unklarheiten oder Unsicherheiten?

....

....

....

....

Wo siehst du Herausforderungen?

....

....

....

Wo wünschst du dir Unterstützung?

Was in der Regel fehlt, ist eine höhere Ordnung, eine persönliche Vorstellung, wie bestimmte Ideen oder Vorhaben kreativ und sinnhaft zu einem Lebensentwurf integriert und im Sinne einer neuen Lebensganzheit verwirklicht werden können. Solange die verschiedenen Ideen gedanklich vage und unverbunden bleiben, erscheinen sie oft wenig kraftvoll und anziehend, teilweise sogar widersprüchlich und vollkommen abwegig, in gewisser Weise »sinnentleert«. Gelingt es jedoch einen emergenten Prozess auszulösen, bei dem die einzelnen Elemente und Ideen so zusammenfallen und -wirken, dass das Leben eine neue Qualität und Struktur ausbilden kann, entwickelt der Entwurf samt Ideen plötzlich eine magische Sogwirkung und Anziehungskraft. Daher ist es wichtig nach interessanten Bezügen und Berührungspunkten zu forschen. Werde im wahrsten Sinne des Wortes erfinderisch. Wecke in dir die Freude am Experimentieren. Tausche dich mit anderen aus. Nutze dafür ein Coaching.

Life Puzzle

Beim Life Puzzle kreierst du einen möglichen Entwurf, ein denkbares Grundgerüst für die Gestaltung deines Lebens. Du bringst damit deine persönliche Vorstellungen und Absichten zu Papier und verleihst dem Leben, das du dir wünscht, kreativ Ausdruck. Du visualisiert interessante Gestaltungsfelder, Ansätze und Wege und klärst, welchen persönlichen Anliegen, Aufgaben oder Herausforderungen du dich zukünftig widmen möchtest. Dabei wird fragmentarisch gearbeitet, das heißt, die Darstellung wird kein vollkommenes, vollständig ausgereiftes Bild abgeben. Es ist in Ordnung, wenn Puzzleteile fehlen oder bestimmte Bereiche offengelassen werden. Diese Bereiche kannst du als Überraschungsräume, Experimentierwiesen, offene Baustellen oder Ähnliches kennzeichnen oder mit Fragezeichen und anderen Symbolen versehen. Du kannst dann später überlegen, ob sie diese Bereiche zum Beispiel in einem Coaching weiter vertiefen möchtest. Du kannst die Entwicklung in diesen Bereichen möglicherweise sogar bewusst offenhalten. Das eigene Leben soll und muss zu keiner Zeit komplett »durchgestaltet« werden. Ich empfehle sogar ausdrücklich, in diesem Prozess auch das zu formulieren, was einfach auftauchen, entstehen oder reifen darf. Dies kann mitunter sehr wirkungsvoll sein.

Schritt 1: Drucke dir die Vorlage zum Life Puzzle aus den Online-Materialien aus und lege Schere, Kleber, Papier und Stifte bereit.

Schritt 2: Gehe nun für ein paar Momente in dich. Frage dich, in welcher Hinsicht du dich in deinem Leben selbst neu erfinden oder verwirklichen möchtest?

- Wie soll das Leben aussehen, das du selbst kreieren möchtest?
- Was sind wichtige Elemente, Inhalte und auch Schritte dorthin?
- Welche Veränderungen oder Entwicklungen möchtest du in einzelnen Lebensbereichen erwirken?
- Was willst du dazu proaktiv tun?

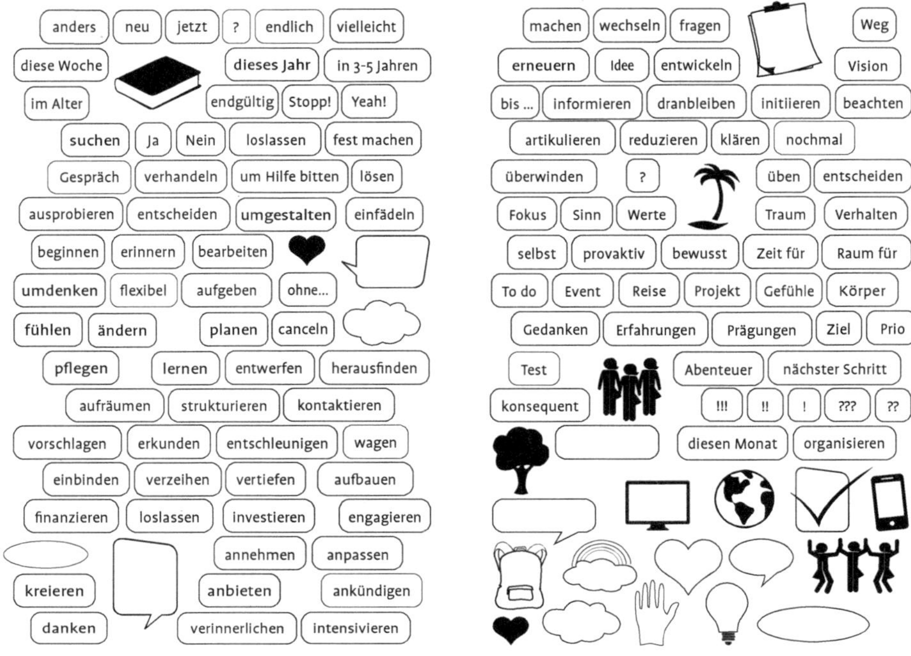

Ein Coach kann dabei deine Kreativität fördern, gedankliche Anregung bieten und helfen, persönliche Bestrebungen zum Ausdruck zu bringen.

Schritt 3: Visualisiere nun bitte auf einem Blatt Papier deine wichtigsten Überlegungen, Vorstellungen und Ideen. Nimm dazu die kopierten »Puzzleteile« aus der Vorlage zu Hilfe. Du kannst passende Wörter oder Symbole ausschneiden und auf das Papier kleben, sie mit eigenen Gedanken kombinieren oder weiter ausformulieren. Gern kannst du auch malen, zeichnen und andere Ausdrucksformen kreativ einfließen lassen.

Die Hauptsache ist, dass alles, was dir im Hinblick auf die Gestaltung deines Lebens wichtig ist oder bedeutsam erscheint, in die Darstellung einfließt. Das Blatt mit deinem Life Puzzle kannst du dann hier ins Logbuch legen.

Schritt 4: Das Ergebnis ist das Life Puzzle, ein erster, möglicher Lebensentwurf. Wirf mit etwas Abstand einen Blick darauf und erforsche ihn in Ruhe.

Was zeigt dein Entwurf? Worauf erstreckt sich die eigene »Lebensvision«?

....

....

....

Was steht im Zentrum?

....

....

....

Welche »Lebensansätze« zeichnen sich ab?

....

....

....

Um welche Transformation geht es? Welche Entwicklung strebst du an?

....

....

....

Was sind dahingehend wichtige oder wegweisende Aktivitäten?

....

....

....

Was ist gegenüber deinem bisherigen Leben die größte Veränderung oder Weiterentwicklung: Was ist anders oder neu?

....

....

....

....

Was bleibt ungelöst oder offen? Welche Entscheidungen stehen an?

....

....

....

Was darf vielleicht auch einfach auftauchen, entstehen oder reifen?

....

....

....

Welche anderen, denkbaren Wege, Szenarien oder Lösungen fallen dir ein?

....

....

....

....

....

Wie könnte sich dein Leben mithilfe dieses Entwurfs weiterentwickeln? Welche größere Vision, welche Perspektive oder welche Ziele kannst du dir langfristig für dich und dein Leben vorstellen? Wie könnte es weitergehen?

....

....

....

....

....

Bedenke: Du kannst deinen Entwurf jederzeit erneuern oder modifizieren. Dein Entwurf soll dynamisch und flexibel sein und sich entwickeln dürfen. Manchmal ergeben sich noch weitere Ideen oder Ansätze. Wann immer sich neue Erkenntnisse, Ideen oder Bereiche entfalten, kannst du deine Darstellung einfach verändern.

Du darfst auch überkleben, was nicht mehr passt. Blockiere oder sabotiere dich in deiner Entwicklung nicht selbst.

My Future Me

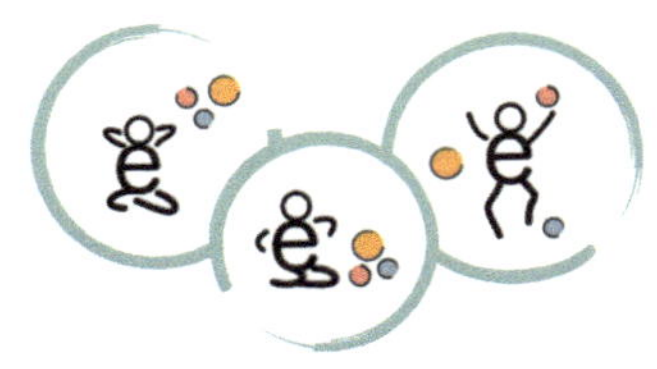

Imaginäre Zeitsprünge wie im Future-Me-Interview können eine sehr wirkungsvolle Intervention sein, um den ersehnten Lauf des Lebens und persönlich beabsichtige, erstrebenswerte Entwicklungen grob zu umreißen und herauszuarbeiten. Gleichzeitig wird dabei die Kreativität und Fantasie angeregt. Diese Übung lässt sich am besten in einem Coaching umsetzen. Indem das Entscheidungsmoment, die Phase der persönlichen Veränderung, der tatsächliche Lebensumbruch fiktiv übersprungen werden, schlüpfst du gedanklich in die Rolle ihres zukünftigen Selbst und äußern sich aus der Perspektive des erfahrenen und gereiften Ichs, das den neuen Lebensentwurf bereits realisiert und alle damit verbundenen Aufgaben und Herausforderungen gemeistert hat. Die Interviewfragen bewirken, dass du über persönliche Veränderungsängste und Zweifel hinwegsehen und einen Lebensweg für sich ersinnen kannst, einschließlich der Schritte, die auf diesem Weg unternommen wurden. Im erdachten Frame des Gelebten verliert das schwierig, fragwürdig, herausfordernd Erscheinende seine blockierende Wirkung und wandelt sich zum Schlüsselmoment, der bedeutende Potenziale und Ressourcen freilegt. Das rückblickende Erfinden der Zukunft bewirkt, dass du deine Lebensgeschichte gedanklich fortführen, eine lebendige Vorstellung von einem neuen Lebensentwurf entwickeln kannst und ein mögliches Narrativ für deine Lebensgestaltung in Zukunft aufspürst.

Du kannst das Future-Me-Interview mit deinem Coach oder anderen Personen durchführen. Wir interviewen nun dein zukünftiges Ich. Stell dir vor, dass der Mensch, der du im Alter von 80 oder 90 Jahren sein wirst beziehungsweise sein möchtest, heute hier zu Gast ist und uns ein paar wegweisende Fragen beantwortet. Ich bin schon sehr gespannt auf deine Antworten. Es folgen nun einige Fragen, deine Aufgabe ist, intuitiv aus der Perspektive deines zukünftigen Ichs darauf zu antworten.

Hallo! Ich danke dir, dass du uns die Zeit schenkst, um über deine persönlichen Erfahrungen, Erlebnisse und Lebenserfolge zu sprechen. Du hast ein wirklich ein beachtliches Alter erreicht und in deinem Leben so einiges verwirklicht. Worauf bist du selbst besonders stolz, wenn du auf deine persönlich Entwicklung und dein Leben zurückblickst?

....

....

....

Was würdest du sagen, waren deine größten Lebenserfolge, deine mutigsten Aktionen oder Schritte?

....

....

....

Wie hast du es geschafft, die nötige Kraft und den Mut aufzubringen?

....

....

....

Bestimmt erinnerst du dich. Es gab in deinem Leben einmal eine Zeit, in der es dir nicht so gut ging und es dir nicht leicht gefallen ist, dich neu zu erfinden und neue Wege zu gehen. Was war damals so schwierig für dich?

....

....

....

Und wie hast du es dann trotzdem geschafft? Was hat dir geholfen?

....

....

....

Was waren aus deiner Sicht heute die Schritte oder Entscheidungen, die dein Leben verändert haben?

....

....

....

Wann kam der Durchbruch?

....

....

....

Welche Träume oder Ziele hast du verwirklicht?

....

....

....

Damals hattest du das heutige Wissen und Erfahrungsvertrauen natürlich nicht. Welche Weisheit, welche Botschaft oder welcher Blick aus der Zukunft hätte es dir etwas leichter gemacht, mutig und frei einen neuen Lebensentwurf zu gestalten? Was hättest du dir aus heutiger Sicht selbst gern gesagt?

....

....

....

Und was würdest du sagen, hättest du so oder so angepackt, weil das Bedürfnis oder die Sehnsucht einfach so stark war?

....

....

....

Was war die verrückteste und gleichzeitig beste Idee oder Aktion in deinem Leben?

....

....

Phase 4: Entscheiden

Quick-Check

	trifft voll zu	trifft eher zu	trifft weni-ger zu	trifft nicht zu
Momentan stehe ich vor wegweisenden Entscheidungen.				
Ich würde in puncto Lebensgestaltung gern ein paar Entscheidungen treffen, weiß aber nicht wie.				
Es gibt Entscheidungen, die ich schon eine Weile vor mir herschiebe.				
Mein Umfeld erwartet von mir eine klare Entscheidung.				
Ich weiß, wie ich mein Leben zukünftig gestalten will.				
Ich springe gedanklich oft zwischen verschiedenen Optionen hin und her.				
Meine Lebensgestaltung wird immer wieder behindert von Selbstzweifeln und Versagensängsten.				
Mein Kopf will momentan etwas anderes als mein Herz beziehungsweise mein Bauch.				
Ich tue mich generell schwer, klare, selbstbewusste Entscheidungen zu treffen.				
Vor einer Entscheidung denke ich vor allem an die negativen Reaktionen und Konsequenzen, die damit einhergehen könnten.				

	trifft voll zu	trifft eher zu	trifft weniger zu	trifft nicht zu
Ich habe in meinem Leben Entscheidungen getroffen, die mich belasten.				
Im Alltag fällt es mir leicht, spontane Entscheidungen zu treffen.				
Getroffene Entscheidungen zeitnah und zuverlässig umzusetzen, ist für mich kein Problem.				
Ich kann mich gut von fremden Erwartungen distanzieren.				
Wenn ich etwas nicht tun will, sage ich problemlos nein.				
Getroffene Entscheidungen selbstbewusst zu kommunizieren fällt mir schwer.				
Nach einer getroffenen Entscheidung bin ich unsicher, ob es richtig war, so zu handeln.				
Es stresst mich, wenn sich Dinge anders entwickeln als erwartet oder beabsichtigt.				
Ich frage mich oft, wie andere über mich und mein Leben denken.				
Bei Entscheidungen bin ich bereit, Wagnisse und Risiken einzugehen.				
Meine Entscheidungen sind verlässlich.				
Ich lasse mich bei Entscheidungen leicht beeinflussen und verunsichern.				
Wenn ich mit anderen Menschen zusammen Entscheidungen treffen soll, vertrete ich meine Position souverän.				
Manchmal verstehe ich meine eigenen Entscheidungen nicht.				

	trifft voll zu	trifft eher zu	trifft weni-ger zu	trifft nicht zu
Ich habe oft Angst, eine falsche Entscheidung zu treffen.				
Ich würde sagen, ich treffe gute Entscheidungen für mich und andere.				
Mir ist klar, was mich bei Entscheidungen leitet.				
Ich verfüge über gute Strategien und Techniken, mit denen ich Lebensentscheidungen treffen kann.				
Ich erlaube mir Entscheidungen zu verändern.				
Mein Lebensentwurf basiert auf selbstbestimmten Entscheidungen.				
Meine Entscheidungen stimmen mit meinen Werten überein.				

Was wird dir bewusst, nachdem du diese Sätze für dich bewertet hast?

....

....

....

Was ist für dich die wichtigste Erkenntnis?

....

....

Welche Entscheidung(en) triffst du zurzeit *nicht*?

....

....

....

Wie geht es dir damit? Was sind die Auswirkungen?

....

....

....

In welchem Lebensbereich beziehungsweise in welchen Lebensbereichen wünschst du dir zeitnah eine klare Entscheidung?

....

....

....

Welche Entscheidung würde sich extrem positiv auf dein Leben und dein Lebensgefühl auswirken? Inwiefern?

....

....

....

Was war die beste Entscheidung deines Lebens? Warum?

....

....

....

....

Wie bist du damals zu dieser Entscheidung gekommen? Was hat dir geholfen?

....

....

....

Was stresst dich persönlich beim Thema »Entscheidungen« am allermeisten?

....

....

....

Wenn du jetzt sofort drei Entscheidungen treffen müsstest. Welche wären es?

1. ....

2. ....

3. ....

Sich zu entscheiden bedeutet …

…………………………………………………………………………………………

…………………………………………………………………………………………

…………………………………………………………………………………………

So erlebe ich mich bei Entscheidungen … Bitte fertige spontan eine kleine Zeichnung an!

Auf allen Stühlen

Das kennen sicher viele: In der Entscheidungsphase wird oftmals gedanklich zwischen verschiedenen Optionen geschwankt. Es geht hin und her. Viele sind unentschlossen, wie viel Zeit und Raum bestimmte Lebensbereiche oder Aufgaben künftig haben sollen und wie sie konkret ausgestaltet werden können beziehungsweise sollen. Zum Beispiel schwanken sie zwischen verschiedenen Arbeitsmodellen, Lebensstilen, Wohnlösungen, Beziehungsformen, Erziehungswegen, Investitionsmöglichkeiten. Oder sie hadern mit neuen Aufgaben, persönlichen Zielen, Chancen und Projekten. In der Folge beschäftigen sie sich intensiv mit den Vor- und Nachteilen und den höchstwahrscheinlichen Folgen und Auswirkungen der einzelnen Entscheidungen, die im Raum stehen. Sie fragen sich wiederholt, wie sich ihre Entscheidung auf ihr Leben und ihr Lebensgefühl auswirken wird. Verschiedene Szenarien werden gedanklich immer wieder durchgespielt.

Dies geschieht in vielen Fällen jedoch nur ansatzweise oder in Teilen, dazu oft schnell und überstürzt in unpassenden Situationen (zum Beispiel vor dem Schlafengehen, unter Zeitdruck, mit voreingenommenen Gesprächspartnern). Am Ende sind Kopf und Herz verwirrt. Die Entscheidung für einen Weg fällt schwer. Um aus dieser »Lebensentwurfs-Zwickmühle« rauskommen, kannst du diese Übung machen. Sie hilft dir, eine selbstsichere, bewusste und klare Entscheidung in eine Richtung zu treffen. Optionen werden umfassend in aller Ruhe durchdacht und »durchfühlt«. Dabei wird auch die Körpersprache einbezogen. Das erleichtert und fördert die persönliche Entscheidung. Am besten führst du die Übung mit einem Coach oder mit einer anderen vertrauenswürdigen Person durch, die dich aufmerksam begleiten kann und in der Lage ist, Gedanken, Gefühle und körperlichen Reaktionen wahrzunehmen und ohne Interpretation zu spiegeln.

SZENARIO

POSITIVES / VORTEILE / MEHRWERT

NEGATIVES / NACHTEILE / VERLUSTE

GEDANKEN, GEFÜHLE, KÖRPERREAKTIONEN

FAZIT

Schritt 1: Drucke dir die Vorlage aus den Online-Materialien mehrmals aus. Du kannst jedes mögliche Szenario in Kurzfassung auf den Blättern notieren (pro Szenario ein Blatt). Zum Beispiel kann da stehen:

- Szenario 1 (Blatt 1): Arbeiten in Vollzeit – keine Selbstständigkeit
- Szenario 2 (Blatt 2): Teilzeitarbeit 20 Stunden pro Woche – nebenbei Aufbau der Selbstständigkeit
- Szenario 3 (Blatt 3): Teilzeitarbeit 30 Stunden pro Woche – nebenbei Aufbau der Selbstständigkeit
- Szenario 4 (Blatt 4): Kündigung und Vollselbstständigkeit

Wichtig ist, dass du tatsächlich jedes Szenario notierst, also alles, was du in irgendeiner Form bereits in Betracht gezogen hast. Auch Unwahrscheinliches, mit Zweifeln Belegtes oder vermutlich eher wenig Praktikables darf aufgeschrieben werden. Es kann außerdem vorkommen, dass beim Aufschreiben gedanklich neue Szenarien auftauchen.

Achte dabei darauf, dass du während dieses Schritts keine detaillierten Ausführungen und keine persönliche Wertung vornimmst.

Schritt 2: Jedes der Szenarien wird nun nach und nach in den Blick genommen und unter verschiedenen Gesichtspunkten besprochen. Stelle dazu am besten mehrere Stühle auf. Ich persönlich verwende verschiedene. Auch Sessel, Hocker, Sitzkissen oder Ähnliches können genutzt werden. Wenn ich das online mache, bitte ich die Coachees, mit den eigenen Stühlen zu arbeiten.

Für jedes Szenario wird nun ein Stuhl ausgewählt. Die Reihenfolge spielt keine Rolle. Während du Platz nimmst stelle dich innerlich ganz auf das gewählte Szenario ein, nimm dazu das entsprechende Blatt und einen Stift zur Hand. Die Aufgabe ist, den Prozess im Wesentlichen festzuhalten.

Gehe nun ganz entspannt und in Ruhe folgenden Fragen nach und spüre in dich hinein. Wenn du die Übung zusammen mit jemanden machst, dann lasse deine körperlichen Reaktionen beobachten.

- Was würde das Szenario für die eigene Lebensgestaltung bedeuten?
- In welche Richtung würde sich das Leben entwickeln?
- Worauf läge die Priorität?
- Was würde sich ändern?
- Was wäre der persönliche Gewinn?
- Welche Nachteile, Opfer oder Verluste wären unter Umständen in Kauf zu nehmen?

- Was wäre vermutlich die größte Herausforderung?
- Welche positiven und negativen Auswirkungen hätte diese Entscheidung?

Arbeite die Vor- und Nachteile heraus und notiere dir stichwortartig die wichtigsten Aussagen und Erkenntnisse auf das jeweilige Blatt.

Beispiel für ein solches Szenario

Plus	Minus
guter Verdienst	Selbstständigkeit muss warten
mehr Geld für Urlaub, alltägliche Ausgaben	wenig Freizeit
zeitnahe Beförderung	Kinder lange in der Mittagsbetreuung
gedanklich und im Team »voll drin«	Herausforderung: Zufriedenheit im Job? Familiäre Belastung? Vereinbarkeit!

Wenn du das Beispiel komplett nachlesen möchtest, dann findest du es im »Mini-Handbuch Lebensentwürfe coachen« auf Seite 112 ff.

Schritt 3: Welche Selbsterfahrung machst du, wenn du dich mit den verschiedenen Szenarien befasst? Schenke vor allem den spontanen Gedanken, Gefühlen und körperlichen Reaktionen Beachtung. Du kannst über die folgenden Fragen nachdenken. Am besten lässt du dir folgende Fragen stellen.

- Wie geht es dir mit diesem Szenario?
- Was sind deine ersten, spontanen Gedanken?
- Welche Gefühle tauchen unvermittelt auf?
- Was bemerkst du körperlich?
- Wie empfindest du diesen Weg?
- Was ist der stärkste Eindruck?
- Welche Eindrücke und Empfindungen intensivieren sich?
- Welche Veränderungen bemerkst du, wenn du länger auf diesem Stuhl sitzt?

Du kannst dir die wichtigsten Aussagen unter »Gedanken, Gefühle, Körperreaktionen« auf jedem Szenarioblatt notieren lassen und auch, welche persönliche Wahrnehmung dein Gegenüber hatte. Was hat er oder sie beobachtet? Das kann sich auf folgende Aspekte beziehen: Gesichtsausdruck, Mimik, Körperhaltung und -spannung, Verhalten, Bewegungen, Stimme, Ton, Sprechweise, spontane Laute, Äußerungen und Kommentare, Atmosphäre, Energie, Ausstrahlung, Gesamtwirkung.

Schritt 4: Fasse zu jedem Szenario deine wichtigsten Einsichten und Erfahrungen in einem kurzen Fazit zusammen.

- Was hat sich gezeigt oder ist deutlich geworden?
- Was war bisher nicht so erkennbar oder bewusst?
- Was ist die stärkste Erkenntnis?
- Welche erste, persönliche Schlussfolgerung ergibt sich daraus?

Tipps

Tipp 1: Die Entscheidung stimmt, macht aber Angst? Um einen sanften Übergang zu schaffen und etappenweise in einen neuen Lebensentwurf hineinzuwachsen, kannst du kurz-, mittel- und langfristige Szenarien entwerfen. Das kann sinnvoll sein, beispielsweise wenn erst noch Ressourcen aufgebaut werden müssen.

Tipp 2: Sich manche Szenarien für einen abgestimmten Zeitraum bewusst offenzuhalten, kann natürlich auch das Ergebnis einer Entscheidung sein.

Tipp 3: Eine Entscheidung ist immer möglich.

Schritt 5: Abschließend kannst du hier im Logbuch festhalten, inwieweit nun eine Entscheidung getroffen werden kann und wie sie ausschaut.

Ich habe Klarheit in folgenden Punkten erhalten:

....

....

....

Meine Entscheidung(en) sind:

....

....

....

Als nächste Schritte und Aufgaben habe ich mir Folgendes vorgenommen:

....

....

....

Meine Lebensüberschrift für die nächsten Wochen lautet:

....

....

....

Timeskip

Zwischen verschiedenen Zukunftsszenarien hin- und hergerissen zu sein bedeutet oftmals einen Identitätskonflikt. Je nachdem, worauf du dich in deiner Lebensgestaltung künftig ausrichten möchtest, lebst du bestimmte persönliche Eigenschaften und Aspekte von dir – auch bestimmte Rollen – eben mehr oder weniger. Wegweisende Entscheidungen führen in der Regel zu beachtlichen Veränderungen, die die Frage nach der persönlichen Identität aufwerfen. Unter Umständen wird die eigene Identität durch einen neuen Lebensentwurf komplett infrage gestellt. Darum ist es hilfreich, wenn du dich angesichts weitreichender Entscheidungen direkt mit den folgenden Fragen konfrontierst. Zeitsprünge in die Vergangenheit, Gegenwart und Zukunft bieten sich an, um herauszuarbeiten, welcher weitere Lebensweg dir tatsächlich entspricht.

Finde etwas über deine Identitätsentwicklung heraus! Wer bist du gewesen, wer bist du heute und wer willst du in Zukunft sein beziehungsweise werden? Du kannst dich nun mit deiner Identität zu verschiedenen Lebenszeiten, in verschiedenen Lebensphasen befassen und darüber zu neuen Einsichten für die Gestaltung deines Lebensentwurfs in Zukunft gelangen.

Schritt 1: Blick auf die Vergangenheit.

- Wie hast du in der Vergangenheit, in verschiedenen Phasen deines Lebens, gelebt?
- Wer warst du, was hat dich ausgezeichnet?
- Welche persönlichen Seiten, Facetten und Rollen hast du in dieser Zeit stark verwirklichen können oder zum Ausdruck gebracht?
- Wie waren deine Lebenseinstellung, deine Lebenshaltung und dein Lebensgefühl in dieser Zeit? Was war dir wichtig?
- Wer warst du?

Gestalte deine Timeline durch Hinzufügen von »Identitätsbildern«. Du kannst auch erst einmal separat auf einem Blatt Papier arbeiten und anschließend im Logbuch dein Ergebnis festhalten. Wenn du nicht gern zeichnest, kannst du auch fremde Gesichter oder andere Elemente ausschneiden, die für charakteristische oder bedeutsame Aspekte stehen. Füge den Bildern dann einen Satz oder ein paar kurze Stichworte hinzu, die deine gelebte »Identität«

innerhalb der Lebensphase beschreiben. Zum Beispiel: »In dieser Zeit war ich …«, »Mein Fokus war …«, »Im Wesentlichen habe ich …«, »Geleitet hat mich …«, »Wichtige Ziele und Werte waren …«.

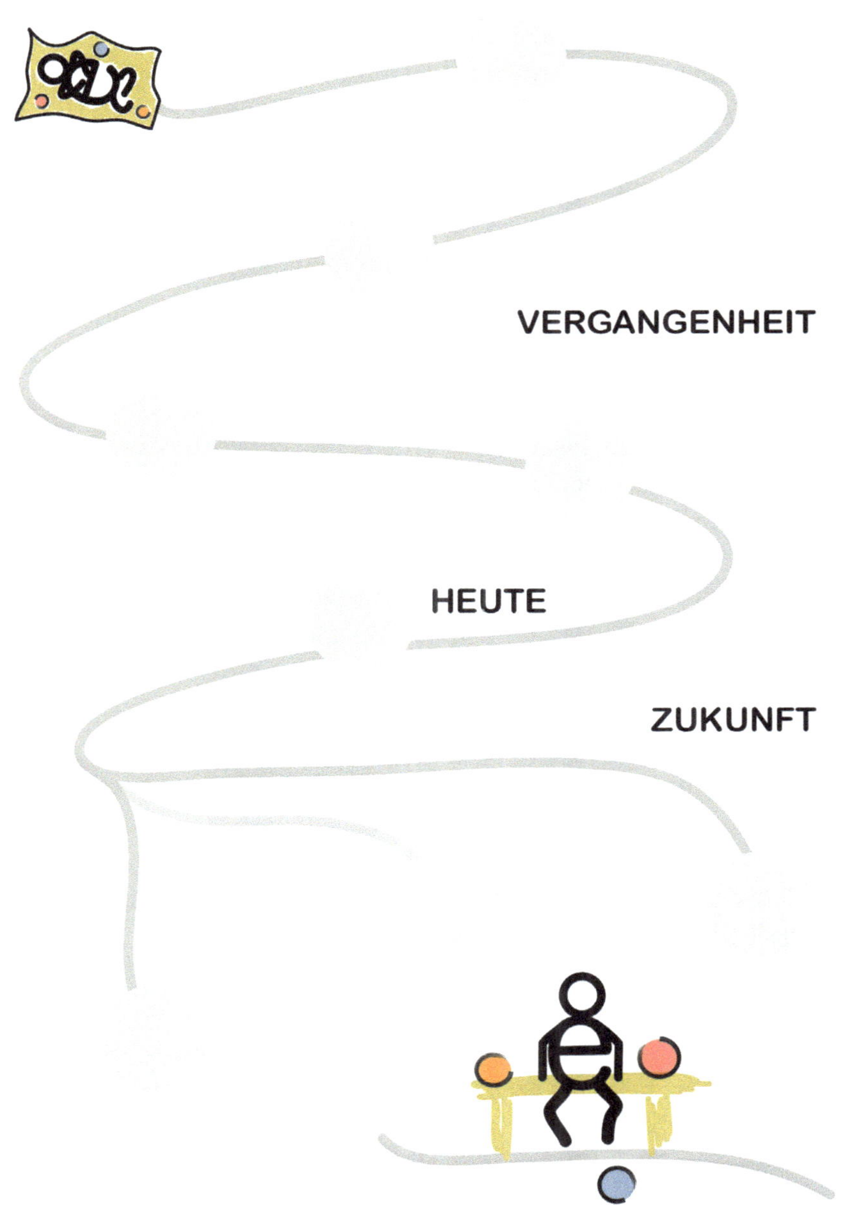

Gern kannst du auch persönliche Durchbrüche, wichtige Ereignisse und persönliche Meilensteine einzeichnen, die im jeweiligen Zusammenhang wichtig waren und deine Identität in irgendeiner Weise verändert oder beeinflusst haben. Überlege auch, was in deinem Leben – gefühlt oder rückblickend betrachtet – möglicherweise zu kurz kam oder wenig Raum oder Beachtung gefunden hat. Welche Teile deines Selbst hast du gelebt, welche nicht oder zu wenig? Welcher Wunsch, welches Bedürfnis oder welcher Traum blieb unerfüllt? Wie geht es dir damit?

Schritt 2: Dann gehe in die Gegenwart: das Heute.

- Wer bist du jetzt?
- Welche persönlichen Seiten, Facetten oder Rollen lebst du?
- Was bestimmt deine Lebenseinstellung und deine Lebenshaltung gegenwärtig?

Erstelle auch dazu ein »Identitätsbild« in der Timeline und formuliere einen Satz oder ein paar Stichworte, die treffend umschreiben, wer du augenblicklich bist. Was bestimmt deine Identität?

Überlege auch hier, wie es dir damit geht. Was wird gelebt? Was nicht?

Schritt 3: Jetzt springe in die Zukunft und entwickle verschiedene Szenarien.

- Wie könnte sich dein Leben in der nächsten Zeit weiterentwickeln? Wer könntest du sein?
- Welche verschiedenen Optionen – Richtungen, Zielpunkte, Entwicklungen und Haltungen – sind denkbar?
- Wodurch unterscheiden sie sich? Welches »Identitätsbild« ergibt sich hieraus?

Skizziere hier ebenfalls die verschiedenen Identitätsbilder und beschäftige dich nacheinander mit jedem dieser Bilder.

- Welche persönlichen Eigenschaften, Facetten, Rollen ... würden in besonderer Weise von dir gelebt und verkörpert?
- Wofür möchtest du stehen? Was ist dir wichtig in diesem Leben?
- Wer wärst du in diesem Szenario? Wer wärst du nicht?
- Was wäre wichtig, bekäme Raum?
- Was wäre im Wesentlichen hier deine Lebenseinstellung beziehungsweise -haltung?

- Welche Lebensaufgabe wäre damit verbunden?
- Wie gefällt dir die Vorstellung?
- Wie würde es dir mit diesem Szenario vermutlich gehen: kurz-, mittel- und langfristig? Wie würde es dir wohl gehen, in den ersten Tagen und nach ein paar Wochen, Monaten? In welche Richtung würde sich dein Leben entwickeln?

Schritt 4: Zu welcher persönlichen Schlussfolgerung oder Entscheidung kommst du? Notiere deine wichtigsten Erkenntnisse.

Mit Blick auf deine gegenwärtige beziehungsweise zukünftige Lebensphase: Wer willst du in deinem Leben sein?

....

....

....

Welche Erwartung(en) hast du im positiven Sinn an dich und deine Lebensgestaltung?

....

....

....

Was ergibt sich daraus? Was ist dein Weg?

....

....

....

Was heißt das für die nächsten Tage und Wochen? Was sind konkret deine nächsten, deine wichtigsten Schritte?

Welche »psychomentalen« Entscheidungen musst du in nächster Zeit vermutlich immer wieder treffen und umsetzen, um dich in deinem Leben tatsächlich wie gewünscht zu verwirklichen und weiterzuentwickeln? Zum Beispiel: »Ich achte auf mich.«, »Ich fokussiere mich.«, »Ich teile Ressourcen mit anderen.«, »Ich verzeihe schnell.«, »Ich bitte um Hilfe.«

Woran werden andere Menschen wahrscheinlich bemerken können, dass es dir erfolgreich gelungen ist, dich und deine Lebensgestaltung zu verändern? Was würde ihnen auffallen? Worauf würden sie dich ansprechen?

All in

Bei dieser Übung entscheidest du dich probeweise für ein Szenario, einen neuen Lebensentwurf, und erforschst innerlich die damit wahrscheinlich verbundenen, persönlich erwarteten Wirkungen und Konsequenzen.

Gehe einige Tage lang innerlich in die Vorstellung und das Bewusstsein, als sei diese Entscheidung bereits verbindlich gefallen und unwiderruflich getroffen. Bei dieser Übung geht es um die genauen Veränderungen, die deine Entscheidung hervorruft. Welche Auswirkungen lassen sich beobachten – auf ganz verschiedenen Ebenen? Nimm verschiedene Blickwinkel ein. Visualisiere vor deinem inneren Auge, wie du die ersten Schritte machst und wichtige Vorkehrungen triffst. Parallel dazu beobachte dich selbst. Durchdenke alles sehr kleinschrittig.

Du beschäftigst dich also imaginativ mit deinem neuen Lebensentwurf. Dabei überspringst du die Entscheidung als solche und bewegst dich gedanklich und gefühlsmäßig schon in der nächsten Phase. Du tauchst ein in das, was auf dich zukommen wird und entwickelst bildhafte Ideen und Vorstellungen dazu, wie eine bestimmte Herausforderung zu meistern sein wird. Gleichzeitig beobachtest du dich selbst dabei. Du schaust, wie du dich fühlst und du ermittelst – soweit es eben schon im Voraus geht –, inwieweit die Entscheidung für dich tatsächlich stimmig ist, ob sich die Anstrengungen lohnen, ob Gefühle von Freude, Erfüllung und Glück aufkommen und so weiter.

Möglicherweise stellt sich heraus, dass manche Ängste und Zweifel unverhältnismäßig sind, und es entwickelt sich ein Gefühl von Selbstvertrauen und Selbstsicherheit. Oder aber das ungute Gefühl wächst, es verstärkt sich der Eindruck, dass in manchen Punkten tatsächlich etwas nicht passt und einer Abwandlung oder anderen Vorgehensweise und Perspektive bedarf. Die Übung fördert deine subjektive Entscheidungsfähigkeit. Gleichzeitig ermöglicht sie, Gefühle zu ordnen, Ressourcen aufzuspüren und eine realistische Vorstellung von kommenden Herausforderungen zu entwickeln.

Schritt 1: Welches Lebensszenario, welche wegweisende Lebensentscheidung willst du für ein paar Tage innerlich erforschen und ausloten – probeweise?

....

....

Schritt 2: Begib dich in der nächsten drei bis fünf Tagen innerlich immer wieder einmal für kurze Zeit in dieses Szenario und stelle dir die Umsetzung so konkret und so realistisch wie möglich vor. Denk dir zum Beispiel aus, wie du deine Entscheidung einer nahestehenden Person mitteilst, wenn du sie triffst. Oder überlege, was sich ändern würde, wenn du einkaufen gehst. Stell dir die verschiedenen Lebensbereiche und Situationen, die von deiner Entscheidung berührt werden, lebendig vor und überlege, was vermutlich anders oder neu sein wird und welche Aufgaben auf dich zukommen werden – auch im Alltag.

Ganz wichtig: Beobachte dich selbst, während du diese Übung machst. Stütze dich dazu am besten auf diese Fragen:

- Wie geht es dir mit der Vorstellung? Welche Bilder tauchen auf?
- Welche Gedanken oder Gefühle nimmst du wahr?
- Was passiert körperlich? Wie schläfst du, was träumst du?
- Wie fühlt sich die Entscheidung anfangs an?
- Wie verhält es sich nach ein paar Tagen?
- Was festigt oder zerstreut sich? Was reift innerlich?

Schreibe dir deinen wichtigsten Gedanken dazu hier auf:

....

....

Schritt 3: Werte anschließend deine Erfahrungen hier aus.

Was hast du wahrgenommen oder beobachtet?

....

....

Welche persönlichen Schlüsse ziehst du daraus?

....

....

Welche Entscheidung(en) kannst beziehungsweise möchtest du jetzt nach dieser Übung auf jeden Fall treffen?

....

....

Was ist für dich vielleicht noch schwierig, offen oder unklar?

....

....

Wie geht es nun weiter? Was steht jetzt an in puncto Lebensgestaltung?

....

....

Growing Life

Wenn es um die Entwicklung und Gestaltung eines neuen Lebensentwurfs geht, müssen Entscheidungen darüber getroffen werden, welchen Aufgaben du dich innerlich und äußerlich in der Zukunft verstärkt zuwenden willst und was in Zukunft weniger Beachtung und Energie erfahren wird beziehungsweise soll. Wie du dich in deiner Lebensgestaltung entfaltest und wie sich deine Lebenswirklichkeit verändert, hängt in hohem Maße davon ab, was du fokussierst und bewusst stärkst.

In dieser Hinsicht wirkt die folgende Übung klärend und stabilisierend. Sie motiviert, freimütig zu benennen, was du in deinem Leben bewahren möchtest, was dich erstarken oder wachsen lässt. Zudem wird dir klar, was du aufgeben oder hinter dir lassen möchtest. Die Übung fördert also auch das bewusste Loslassen von Menschen, Dingen, Aktivitäten und Zuständen, die der beabsichtigten Lebensgestaltung entgegenwirken oder diese erschweren. Sie fördert die Selbstverantwortung für das eigene Leben.

Mit dem Bild des Pflanzens zu arbeiten ist insofern hilfreich, als dass es bewusst macht, dass im eigenen Leben nur sehr schwierig etwas entstehen kann, wenn der Samen dafür nicht selbst aktiv gelegt wird. Ebenso kann ohne beständiges, eigenes Dazutun kaum etwas Beachtliches gedeihen und Verbreitung finden. Umgekehrt passiert auch etwas, wenn du nichts unternimmst, Entwicklungen sich selbst überlässt, keine Verantwortung übernimmst, dich passiv verhältst …

Auch das Sich-lösen-Können ist von großer Bedeutung. Wenn du dich nicht dazu entschließen kannst, dich von Überholtem, Unpassendem und Destruktivem zu trennen, wirst du große Mühe haben, Platz für Neues zu schaffen – innerlich wie äußerlich.

Die Gestaltung des eigenen Lebensentwurfs bringt einige Aufgaben mit sich, insbesondere, wenn wir in unserem Leben persönlich wachsen und uns weiterentwickeln möchten. Stell dir vor, dein Leben wäre ein bunter Garten mit vielen Pflanzen. Deine Aufgabe ist nun, ihn möglichst gut zu versorgen und zu gestalten.

Welchen Aufgaben möchtest du dich widmen? Was möchtest du erschaffen oder hervorbringen? Was darf wachsen und größer werden? Was benötigt Aufmerksamkeit und Fürsorge? Wo ist die Zeit gekommen, sich zu lösen und Raum für Neues zu schaffen? Innerlich wie äußerlich … Was strebst du an? Was willst du tun, um dein Leben gestalten?

Notiere deine Vorhaben in der mittleren Spalte. Überlege dann, welche Ressourcen oder Fähigkeiten für die Umsetzung deiner Vorhaben notwendig sind. Vielleicht musst du manches erst lernen oder dir für manche Aufgaben Hilfe von außen holen, damit sie gelingen. Notiere alles, was du benötigst, um deine persönlichen Vorhaben verwirklichen zu können.

Bevor du dich an die Übung machst, überlege erst einmal kurz, wo vielleicht deine Herausforderungen liegen und welche Entwicklungen du dir wünschst. Wie ist es – im übertragenden Sinn – um deinen Garten bestellt?

……………………………………………………………………………………………

……………………………………………………………………………………………

Growing Life – Leben gestalten		
	Vorhaben	Benötigte Ressourcen und Fähigkeiten
weiterentwickeln ausgestalten intensivieren ausdehnen	....	....
erhalten stabilisieren verankern fortführen	....	....

Growing Life – Leben gestalten		
	Vorhaben	Benötigte Ressourcen und Fähigkeiten
retten wiederbeleben schützen kräftigen	....	....
erschaffen initiieren starten probieren	....	....

Growing Life – Leben gestalten		
	Vorhaben	Benötigte Ressourcen und Fähigkeiten
aufgeben auflösen einstellen reduzieren	....	....

Was ist dir durch diese Übung bewusst geworden?

....

....

Was ist die wichtigste Entscheidung, um persönlich zu wachsen?

....

....

Was ist notwendig, damit du dein Leben wie gewünscht gestalten kannst?

....

....

Welche Fähigkeiten oder Ressourcen wirst du brauchen?

....

....

Was wird dir möglicherweise schwerfallen?

....

....

Was wird dir helfen? Auf welche Stärken kannst du zurückgreifen?

....

....

Wobei benötigst du möglicherweise professionelle Begleitung oder Unterstützung?

....

....

....

Inspirationskreis

Ideen und Perspektiven von außen können sehr hilfreich sein, wenn es darum geht, kluge, weise Lebensentscheidungen zu treffen. Die folgende Übung gibt dir die Möglichkeit, dich zu fragen, wozu dir andere Menschen – inspirierende Persönlichkeiten, persönliche Vorbilder, nahestehende Menschen – oder erfundene Figuren in deiner Lebenssituation voraussichtlich raten würden.

Es wird danach gefragt, welchen wertvollen Hinweis oder welche persönliche Lebenseinsicht sie dir geben oder ans Herz legen. Dabei spielt es keine Rolle, ob die ausgewählten Personen diese Aussagen tatsächlich treffen würden. Vielmehr sollst du damit einen Zugang zu den für dich relevanten Kriterien erhalten und eine eigene Position finden. Die fantasievolle Auseinandersetzung mit anderen Sichtweisen und Positionen führt oftmals zu neuen Ansätzen und Lösungen.

Die Übung kannst du einsetzen, wenn du dich in einem Entscheidungskonflikt befindest, bei dem ein Gefühl von Richtungslosigkeit, Orientierungslosigkeit oder innerer Ohnmacht entsteht. Der Sinn für die eigene Weisheit und Intuition wird geschärft, und du wirst angeregt, dir selbst auch ohne einen klaren Weg ein gewisses Urvertrauen entgegenzubringen. Eine Grundrichtung wird festgelegt.

Schritt 1: Vor welchem Konflikt oder Problem stehst du derzeit?

Welche Situation überfordert dich, weil eine Entscheidung ansteht und du nicht weißt, wie du dich in diesem Fall verhalten sollst?

....

....

....

....

Schritt 2: Lade nun fünf Menschen zu einem inspirierenden Kreis ein. Wer soll dabei sein? Welche Menschen (Vorbilder, nahestehende Personen, interessante Weggefährtinnen, Verstorbene …), fiktive Charaktere, Leitfiguren (Archetypen, Filmcharaktere, Superhelden) oder sonstige Lebewesen (Tiere, Pflanzen, Geister, Engel …) könnten dir möglicherweise wertvolle Gedanken, Weisheiten oder Einsichten vermitteln? Wer kann nach deiner Einschätzung eine hilfreiche Anregung, eine inspirierende Perspektive oder interessante Position einbringen? Wähle fünf aus und schreibe die Namen in die Kreise.

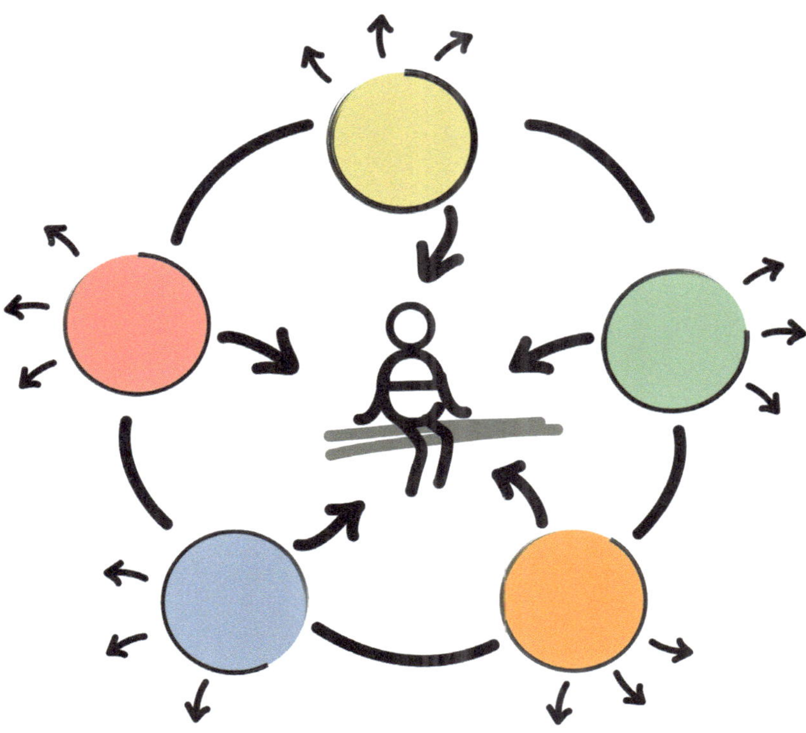

Schritt 3: Beschreibe ihnen kurz deine aktuelle Situation. Teile ihnen mit, was genau dich in deiner Situation so ratlos oder hilflos macht und wovor du Angst hast.

Ich frage mich …

....

....

....

Ich weiß nicht …

....

....

....

Ich habe Angst …

....

....

....

Ich möchte entscheiden …

....

....

Schritt 4: Bitte die »fünf Weisen« nun, sich zu diesem Konflikt zu äußern. Frage sie:

- Was fällt dir dazu ein?
- Was glaubst du, ist jetzt von Bedeutung?
- Worum geht es im Wesentlichen jetzt, aus deiner Sicht?
- Welche Weisheit könnte mir helfen, meinen Weg zu finden?

Notiere wichtige und wegweisende Aussagen (jeweils maximal drei).

....

....

....

....

....

Schritt 5: Inwieweit waren diese Aussagen hilfreich für dich? Was ist dir klar geworden dadurch?

....

....

....

Inwieweit bist du einer Entscheidung oder einer Lösung näher gekommen?

....

....

....

Wozu würdest du dir, nachdem du die »fünf Weisen« gehört hast, nun selbst raten? Was soll dich leiten?

……………………………………………………………………………………

……………………………………………………………………………………

……………………………………………………………………………………

Wie könnte eine Entscheidung in diese Richtung lauten?

……………………………………………………………………………………

……………………………………………………………………………………

……………………………………………………………………………………

Auch wenn du die Entscheidung noch nicht kennst, so kannst du bestimmt schon eine Aussage über die erwünschte Wirkung, Veränderung oder Entwicklung machen. Was willst du mit einer Entscheidung erreichen?

……………………………………………………………………………………

……………………………………………………………………………………

……………………………………………………………………………………

Um welche inneren und äußeren Prozesse beziehungsweise Fähigkeiten geht es?

……………………………………………………………………………………

……………………………………………………………………………………

You Choose

Das Leben folgt den Entscheidungen, die wir treffen. Das bedeutet: Wir können wählen.

Das Leben wandelt sich, indem wir es im Großen und im Ganzen neu ausrichten, und auch, indem wir in alltäglichen Momenten eine eigene Wahl treffen und selbstbestimmt handeln – bewusst, anders, explorierend, neu. Ein neuer Lebensentwurf bedeutet also eine weitreichende und durchdringende Transformation. Es stehen Veränderungen auf der Makro- und auf der Mikroebene an. Bestenfalls greifen diese ineinander, wie bei einem Uhrwerk, wo viele kleine Teile ein großes Teil bewegen – und umgekehrt.

Doch wie kannst du diesen Moment erwischen? Wie kannst du im Alltag achtsame Momente und Gelegenheiten schaffen, dich zu verändern? Zielbewusst, entschieden!

Immer wieder nehmen sich Menschen vor, im Alltag einen neuen Weg zu beschreiten, neue Routinen zu entwickeln oder nervige Gewohnheiten abzustellen und sich entschlossen auf etwas anderes, Neues auszurichten. Und dann passiert nichts. Es war zu viel los, zu hektisch, zu wenig Zeit. Dabei ist gar nicht unbedingt viel Raum und Zeit notwendig, um die eigene Lebensgestaltung zu verändern. Wichtig sind vor allem Achtsamkeit, Entschlossenheit und ausreichend Selbstdisziplin.

Die folgende Übung hilft dir, Veränderungsmomente wahrzunehmen und erfolgreich – im Sinne von selbstbestimmt – zu gestalten. Sie ist simpel, leicht in den Alltag zu integrieren und ehrfahrungsgemäß sehr effektiv.

Die Übung vermittelt auch, dass gelegentliches, destruktives Verhalten noch kein großes Problem darstellt, sondern unter Umständen sogar einen Mehrwert bringen kann. Ein Tag bewusstes Faulenzen kann zum Beispiel dazu führen, dass Kräfte wieder aufgeladen werden. Fällt die Entscheidung jedoch Tag für Tag so aus, so spiegelt dies, dass ein negatives Verhaltensmuster dauerhaft gestärkt wird und die Entscheidung möglicherweise nicht mehr verantwortungsvoll und aus freien Stücken getroffen wird. Umgekehrt sind auch Erfolgserlebnisse leicht spür- und erkennbar. Du beobachtest dich selbst in der wiederkehrenden Situation und triffst jedes Mal neu eine aktive Entscheidung. Dies stärkt deine Eigenverantwortung.

Diese Übung unterstützt dich darin, in Veränderungsmomenten gute »Mikrogewohnheiten« zu entwickeln.

Schritt 1: Wähle eine oder mehrere wiederkehrende, alltägliche Situation aus, in der du unbewusst – aus Unachtsamkeit, unter Stress oder einer alten Gewohnheit heraus – doch immer wieder auf Denk- und Verhaltensweisen zurückgreifst, obwohl du dich konsequent davon lösen willst.

....

....

....

....

....

....

....

....

Schritt 2: Stelle beide Handlungsalternativen gegenüber, die sich dir in der Situation bieten.

- Welches Verhalten ist – mit Blick auf deinen Lebensentwurf und deine wahre Lebensabsicht – unpassend oder nicht förderlich?
- Was wäre eine stimmige Alternative? Was würdest du in der Situation prinzipiell gern oder am liebsten tun?

Beispielsweise stehen sich gegenüber:

- Jede eingehende Nachricht beantworte ich sofort. ⇆ Ich konzentriere mich auf die aktuelle Arbeit und beantworte Nachrichten in einem festen Zeitfester kompakt.
- Ich lasse mich überreden. ⇆ Ich achte auf meine Bedürfnisse.

Was tue ich?	Was ich möchte tun?
....	....
....	....
....	....
....	....
....	....

Schritt 3: Überlege, welche Entscheidung du bewusst oder unbewusst triffst, wenn du die Option in der linken Spalte beziehungsweise die Alternative in der rechten Spalte ausführst. Formuliere zu jeder der beiden Optionen einen aussagekräftigen Satz.

Zum Beispiel:

- Ich entscheide mich für Ziellosigkeit, Ablenkung, Zerstreuung, Impulsivität. ⇆ Ich entscheide mich für Konzentration, Fokus, Zielbewusstsein, Struktur.
- Ich entscheide mich für Genervtheit, Erschöpfung, Kraftlosigkeit, Ausbrennen. ⇆ Ich entscheide mich für Gesundheit, psychische Stabilität, Vitalität, Lebensfreude.

Option 1: Ich entscheide mich für ...

....

....

....

Option 2: Ich entscheide mich für ...

....

....

....

Mach dir bewusst, was jede der beiden Optionen von einem übergeordneten Standpunkt aus für dich und deine Lebensgestaltung bedeutet und welche Entwicklung im jeweiligen Fall gefördert wird, vor allem langfristig gesehen. Mach dir klar, welche positive beziehungsweise negative Wirkung damit verbunden ist und welche persönliche Konstitution damit einhergeht.

Schritt 4: Suche zu den beiden Optionen jeweils ein Wort, welches das Ergebnis, den erwarteten Effekt oder die gewählte Richtung sehr markant und einprägsam beschreibt. Schreibe jedes Wort einzeln in großen Buchstaben in einen der beiden Kreise.

Schritt 5: Male dir die beiden Kreise mit deinen Stichworten auf ein Blatt Papier und schneide die Kreise aus. Überlege dir, an welchem Ort du sie auslegen könntest, um im Veränderungsmoment eine achtsame, bewusste Entscheidung für eine der beiden Handlungsalternativen zu treffen. Zum Beispiel neben dem PC, am Kühlschrank, im Auto, bei den Sportsachen oder auf dem Nachttischchen. Jedes Mal, wenn die beschriebene Situation auftritt, kannst du dir die beiden Möglichkeit vor Augen führen und dich fragen, wie du deine Aufmerksamkeit, deine Fähigkeiten und deine Energie einsetzen möchtest. Um deine Entscheidung noch deutlicher zu machen, kannst du auch Gegenstände in die Übung miteinbeziehen, zum Beispiel dein Mobiltelefon, Geldmünzen, Fotos, eine Spielfigur oder Ähnliches. Der Gegenstand wird dann auf dem Kreis platziert, für den du dich entschieden hast.

Arbeite mit den Kreisen, bis das Angestrebte zur selbstverständlichen Priorität wird und sich eine neue Gewohnheit oder Präferenz eingestellt hat.

Phase 5: Entwickeln

Quick-Check

	trifft voll zu	trifft eher zu	trifft weni-ger zu	trifft nicht zu
Ich bin sehr motiviert, mein Leben neu- beziehungsweise umzugestalten.				
Ich arbeite aktiv an der Umsetzung meines Lebensentwurfs.				
Ich weiß, wie ich leben möchte, und unternehme die nötigen Schritte.				
Meine Lebensgestaltung folgt klaren, inneren Leitlinien.				
Ich verfolge selbstbestimmte Ziele.				
Ich bin zufrieden mit meiner beruflichen Situation.				
Mein Leben im zwischenmenschlichen, privaten Bereich entwickelt sich positiv.				
Ich fühle mich psychisch gesund und vital.				
In mancher Hinsicht beziehungsweise in manchen Situationen fällt mir die Gestaltung meines Lebens schwer.				
Obwohl ich motiviert bin, gelingt es mir nicht, in meinem Leben bestimmte Fortschritte und Resultate zu erzielen.				
Ich gestalte meinen Alltag eher reaktiv als proaktiv.				

	trifft voll zu	trifft eher zu	trifft weni-ger zu	trifft nicht zu
Ich kann vieles, was ich will, zurzeit einfach nicht leben beziehungsweise umsetzen.				
Ich fühle mich fremdgesteuert.				
Ich bin in meinem Leben gerade nicht sehr produktiv.				
Ich bin unzufrieden mit meinem Zeitmanagement.				
Aufgrund von Alltagsproblemen verliere ich das Wesentliche und Wichtige oft aus den Augen.				
In puncto Lebensgestaltung vermisse ich klare Prioritäten.				
Es fällt mir generell schwer, persönliche Ziele und Vorhaben eigenverantwortlich und selbstdiszipliniert zu verfolgen.				
Ich wünsche mir mehr Fokus für mich und mein Leben.				
Ich verliere schnell die Motivation, wenn es darum geht, etwas über einen längeren Zeitraum hinweg zu verfolgen.				
Ich will lernen, dauerhaft an einem größeren Vorhaben oder Projekt zu arbeiten.				
Es gibt Lebensbereiche beziehungsweise Situationen, in denen ich mich selbst nicht so gut steuern und regulieren kann.				
Ich möchte mein Selbstmanagement verbessern.				
Ich lebe ausgewogen.				

	trifft voll zu	trifft eher zu	trifft weni-ger zu	trifft nicht zu
Ich verfüge über gute Strategien und Techniken, die mir helfen, getroffene Lebensentscheidungen umzusetzen.				
Ich wende regelmäßig Techniken und Methoden an, um meine Lebensgestaltung im Blick zu behalten und zu steuern.				
Ich habe ausreichende, kommunikative Fähigkeiten, die meine Lebensgestaltung erleichtern.				
Mich und mein Leben selbst zu managen, gehört zu meinen persönlichen Stärken.				
Es gibt Menschen, die mich auf meinem Lebensweg bestärken und unterstützen.				
Ich habe Lust und traue mich, Neues auszuprobieren.				
Wenn ich mir bewusst mache, was ich in den letzten Wochen in meiner Lebensgestaltung getan beziehungsweise erreicht habe, bin ich sehr zufrieden.				
Ich empfinde Freude darüber, wie sich mein Leben entwickelt.				
Ich habe eine hohe Selbstwirksamkeit.				
Ich gestalte mein Leben gern.				
Ich freue mich auf die Zukunft.				

Was wird dir bewusst, nachdem du diese Sätze für dich bewertet hast?

....

....

....

Was ist für dich die wichtigste Erkenntnis?

....

....

....

Was ist notwendig, damit du gewünschte Veränderungen in deinem Leben wirklich einleiten und durchsetzen kannst?

....

....

....

Was ist für dich vermutlich die größte Herausforderung in der Umsetzung deines Lebensentwurfs?

....

....

....

Was möchtest du lernen?

....

....

Was würde dir in dem Zusammenhang extrem helfen?

....

....

....

Auf welche Ressourcen kannst du zurückgreifen? Was hilft dir, im Leben zielstrebig neue Wege zu gehen?

....

....

....

Mal angenommen, es gelingt dir, dich und deine Lebensgestaltungn in den kommenden Wochen tatsächlich wie gewünscht weiterzuentwickeln. Woran würdest du selbst – und vielleicht auch andere Menschen in deinem Umfeld – diese Veränderung bemerken? Was wäre anders als jetzt?

....

....

....

Wie willst beziehungsweise wirst du deine Transformation meistern? Fertige eine kleine Zeichnung an.

Welche Fragen oder Themen möchtest du gern noch genauer betrachten oder vertiefen? Wo fühlst du dich noch unsicher?

....

....

....

....

Life Design Mix

Der eigene Lebensentwurf wird zum Leitbild für die eigene Lebensgestaltung. Aus ihm ergibt sich, welche persönlichen Entwicklungen und Veränderungen proaktiv angestrebt werden. Erfahrungsgemäß wird ein ganzes Spektrum von Themen und Aufgaben berührt. Mithilfe dieser Übung lernst du, wegweisend zu formulieren, was jetzt und in nächster Zeit wichtig ist und auf welche Aktivitäten, Prozesse und Vorhaben du dich in deiner Lebensgestaltung nun tatsächlich ausrichten möchtest. Ausgehend vom anvisierten Lebensentwurf erarbeitest du dir einen Mix aus persönlichen Zielen, Strategien, Aufgaben und To-dos. Du erkennst, was im Leben kurz-, mittel- und langfristig ansteht und auf welche Kernthemen, Projekte, Umbrüche oder »Baustellen« du dich in den kommenden Tagen, Wochen und Monaten konzentrieren möchtest.

Du gehst tiefer in einzelne Lebensbereiche hinein und entwickelst geeignete Maßnahmen. Bitte achte dabei auch auf deine innere Haltung: Wie möchtest du die Aufgaben angehen? Wie willst du dich in der Umsetzung fühlen? Was möchtest du innerlich üben beziehungsweise stärken?

Nimm dir nicht zu viel auf einmal vor, da du dich sonst selbst überforderst und unter Druck bringst. Lass neben all der Arbeit, die ein neuer Lebensentwurf zwangsläufig erzeugt, auch Raum für Freude und Lust an der Umsetzung. Du musst nicht alles bis ins letzte Detail durchdeklinieren. Arbeite lieber mit prototypischen Leitbildern, die im Zuge der Ausführung beständig angepasst und weiterentwickelt werden.

Schnüre dir ein durchdachtes, buntes Paket, das motiviert und das du selbstständig umsetzen kannst. So entwickelst du ein nützliches Handlungsgerüst, das dich in der alltäglichen Gestaltung deines Lebens unterstützt. In dieser Phase geht es darum, die ersehnte Transformation tatsächlich in Gang zu bringen. Dazu gehört auch, auf der einen Seite Zweifel, Ängste und Widerstände abzubauen und auf der anderen Seite wertvolle Ressourcen zu aktivieren und aufzubauen. Eine stabile, gute und gesunde Selbstbeziehung ist essenziell wichtig, um die existenten Herausforderungen zu meistern.

Bitte erstelle nun deinen ganz persönlichen Lebensgestaltungsmix. Nutze dazu die nächsten Seiten. Es geht um Folgendes:

- Skizziere dazu zunächst bitte kurz deinen Lebensentwurf. Wie schaut dieser Entwurf aus? Wie sollen dein Leben und deine Lebensgestaltung aussehen beziehungsweise sich entwickeln? Was möchtest du realisieren?
- Formuliere dann, welche persönlichen, wichtigen Ziele und Vorhaben sich aus diesem Entwurf ergeben.
- Differenziere anschließend unter »Lebensbereich/Projekte«, welche Entwicklungen oder Ergebnisse du genau in deinem Leben anstrebst und welche einzelnen Aktivitäten damit verbunden sind. Gib dir selbst klare Aufgaben und To-dos, die du in einem bestimmten Zeitrahmen aktiv umsetzen wirst und willst.
- Überlege dir auch, mit welcher inneren Haltung du das Gewünschte verwirklichen möchtest. Worauf liegt der Fokus? Was soll dich innerlich leiten? Und was musst du dazu möglicherweise entwickeln oder lernen?
- Manches muss erst reifen oder bedarf gründlicherer Überlegungen. Notiere unter »noch offen/unklar« alles, womit du dich in Ruhe auseinandersetzen, oder Dinge, die du auf dich zukommen lassen möchtest. Nicht alles muss aktiv gestaltet werden.
- Anschließend kannst du alles festhalten, was ansonsten noch wichtig ist. Vielleicht taucht während der Übung noch etwas Interessantes oder Bedenkenswertes auf, das nicht ohne Weiteres verfliegen darf. Schreibe es unbedingt auf!
- Zum Schluss überlege dir bitte, welche inneren und äußeren Ressourcen du besitzt und die sehr nützlich sind, um deinen Mix tatsächlich tatkräftig durchsetzen zu können.

Mein Lebensentwurf – Prototyp (skizziert)

Relevante Ziele und Vorhaben

Kurzfristig

....

....

Mittelfristig

....

....

Langfristig

....

....

Grundlegend

....

....

....

....

....

Lebensbereich/Projekt	
Entwicklung, Zustand, Ergebnis (gewünscht)	
To-dos (beständig)	Zeitrahmen
To-dos (temporär)	Zeitrahmen

Innere Haltung

noch offen beziehungsweise unklar

Lebensbereich/Projekt	
Entwicklung, Zustand, Ergebnis (gewünscht)	
To-dos (beständig) …………………… …………………… ……………………	Zeitrahmen …………………… …………………… ……………………
To-dos (temporär) …………………… …………………… ……………………	Zeitrahmen …………………… …………………… ……………………
Innere Haltung …………………… …………………… ……………………	
noch offen beziehungsweise unklar …………………… …………………… …………………… ……………………	

Lebensbereich/Projekt	
Entwicklung, Zustand, Ergebnis (gewünscht)	
To-dos (beständig) …………………… …………………… ……………………	Zeitrahmen …………………… …………………… ……………………
To-dos (temporär) …………………… …………………… ……………………	Zeitrahmen …………………… …………………… ……………………
Innere Haltung …………………… …………………… ……………………	
noch offen beziehungsweise unklar …………………… …………………… …………………… ……………………	

Ideen, Möglichkeiten, Perspektiven, Sonstiges

....

....

....

....

....

....

....

Schreibe in die Kreise deine Ressourcen und alles, was dir helfen wird und was du brauchen wirst, um deine To-dos auch tatsächlich umzusetzen.

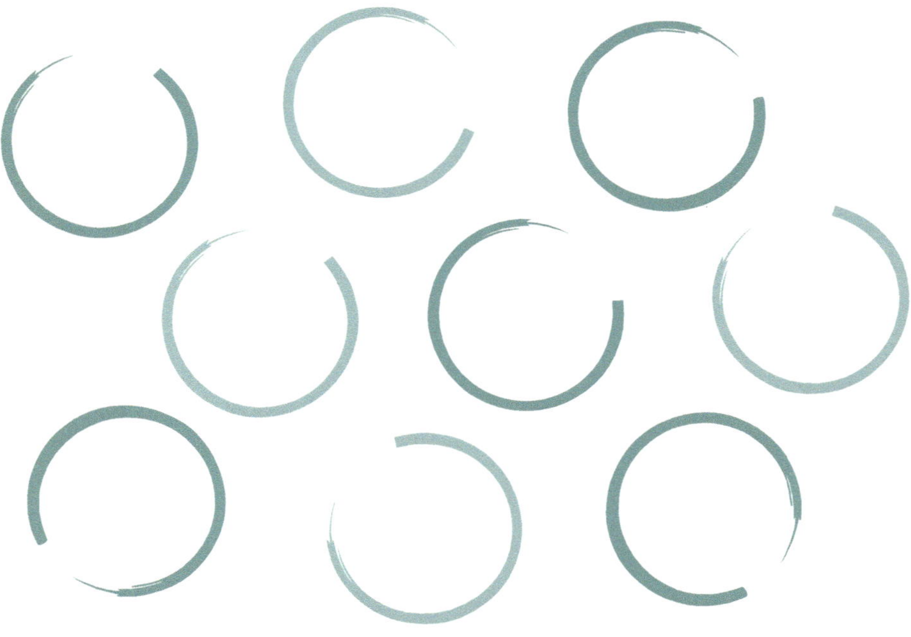

Micro-Transformation

Oft besteht Unsicherheit, ob die eigenen Kräfte und Fähigkeiten ausreichen, um sich proaktiv zu verändern. Vielleicht fragst du dich: Was, wenn ich am Ende doch der/die Alte bleibe? Was, wenn es mir am Ende doch nicht gelingt, der/die zu werden, der/die ich sein will? Oder meine Kraft mich zu verändern am Ende nicht ausreicht? Vielleicht fürchtest du dich vor der eigenen Schwäche, Inkompetenz und Inkonsequenz. Das geht vielen so. Infolgedessen drehen sich viele nur noch in Schleifen, die sie »beherrschen« und kennen. Je öfter sie diesen Trip wiederholen, umso unvorstellbarer scheint es, auszusteigen und Neues zu beginnen. Die Angst vor der eigenen Unzulänglichkeit und Unfähigkeit macht ohnmächtig, handlungsunfähig und lähmt. Gleichzeitig wird damit genau ein negatives Selbstbild gefestigt.

Aus diesem Grund sind selbst kleinste Out-of-the-box-Situationen und Erfahrungen im Leben so wichtig. Schon kleinste Abweichungen oder Unterbrechungen des Gewohnten, Vertrauten, Sicheren – und seien es nur kurze »Anders-Phasen« oder Experimente im Kleinen – können eine neue, wertvolle Einsicht vermitteln. Auch wenn man sich im Wesen und Sein nicht gänzlich verändern kann, so ist da doch etwas, das tatsächlich anders gestaltet werden kann. Du kannst dich im positiven Sinn ein Stück weit umprogrammieren.

Auch wenn es nur wenige Minuten sind, die du am Tag anders gestaltest, in denen du dein Leben nur um wenige Millimeter verrückst, so kannst du in dieser Zeit doch eine andere Selbstsicht und ein anderes Lebensgefühl erlangen. Du kannst sofort herausfinden, wie es sein kann, ein klein wenig anders zu sein und zu leben. Und du kannst feststellen, dass sich kleine Veränderungen lohnen. Das gibt dir Mut für größere Vorhaben.

Verändere also zunächst zeitweise zumindest eine Sache. Mithilfe der folgenden Fragen gelangst du zu Micro-Veränderungen, Mini-Transformationen.

- Wo könntest du den Tag heute geringfügig anders gestalten?
- Welches Experiment könntest du heute wagen, um in dein neuen Leben hineinzuschnuppern?
- Was könntest du ausprobieren, um dich deinem Ideal-Ich anzunähern?
- Wie wäre es beispielsweise, sich für eine andere Kleidung, einen anderen Gang, ein anderes Mittagessen, eine neue Verabredung oder eine ungewöhnliche Form der Kommunikation zu entscheiden?

- Wo möchtest du testweise heute einmal »aus der Box springen«?
- Was wäre *eine* mutige Aktion in Richtung der Person, die du zukünftig gern sein möchtest? Was ist das Neue, in das du heute hineinspringst?

Ich verlasse meinen vertrauten Rahmen, ich springe aus der Box! Ich entscheide mich zu folgender Micro-Transformation:

....

....

Dazu werde ich ...

....

....

In dieser Zeit werde ich ...

....

....

Ich will herausfinden, wie es ist ...

....

....

Und so war es:

Meine wichtigsten Einsichten, Erfahrungen, Erkenntnisse:

....

....

....

Am meisten überrascht hat mich ...

....

....

Ich nehme mir vor, für die Zukunft ...

....

....

Die nächste »Box,« aus der ich springe, ist ...

....

....

3-Sektoren-Modell

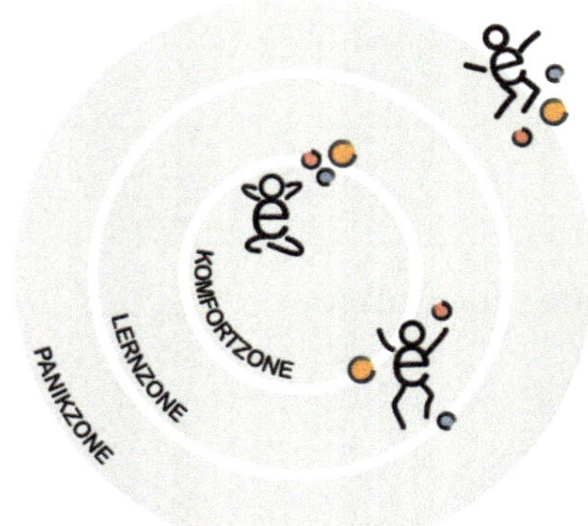

Ich ziehe im Coaching gern das 3-Sektoren-Modell heran, um Sorge zu tragen, dass die Coachees sich bei der Umsetzung ihres Lebensentwurfs nicht selbst über- und unterfordern. Es ist sehr anschaulich und einprägsam und kann von den Coachees auch in Zukunft selbst immer wieder eingesetzt werden, um Entscheidungen über den Grad eigener Veränderungen zu treffen.

Das 3-Sektoren-Modell basiert auf den Erkenntnissen der Psychologen Robert M. Yerkes und John D. Dodson, die in einem Experiment mit Mäusen zeigen konnten, dass sich deren Performanz zunächst in einem stressneutralen, angstfreien Bereich bewegte. Durch Erregung, also Auslösung von Stress, kam es zu einer gesteigerten Performanz – allerdings nur bis zu einem bestimmten Level. Wurde dieses überschritten, war der Stresspegel also zu hoch, so sank auch deren Performanz. Übertragen auf Menschen könnte man sagen, dass es eine menschliche Komfortzone gibt, in denen Menschen sich weitgehend sicher fühlen und zurechtfinden. In dieser Zone verspüren sie demzufolge wenig Anreize, in weniger vertraute, unbekannte – und damit stressigere – Sphären vorzustoßen. Es ist ein weitgehend gefühlsneutraler, angstfreier Zustand. Soll persönlich und in der Gestaltung des eigenen Lebensentwurfs jedoch eine gewisse Weiterentwicklung stattfinden, so ist augenscheinlich ein gewisser Stresspegel notwendig, also eine (Selbst-)Konfrontation mit Herausforderungen, ungewohnten, komplexen Aufgaben, Hindernissen und Schwierigkeiten. Sie sorgen dafür, dass wir aktiv werden, unsere Komfortzone verlassen, uns weiterentwickeln, auf Ressourcen zurückgreifen und »stärker performen«. In der Folge holen wir mehr aus uns und unserem Leben heraus. Muten wir uns jedoch zu viel zu oder sind die an uns gestellten Anforderungen zu hoch, entsteht innerlich Angst oder Panik. Innerlich und äußerlich findet keine Weiterentwicklung (mehr) statt. Darum ist es so wichtig, sich einerseits nicht zu viel, andererseits aber auch nicht zu wenig zuzumuten und das Stresslevel im Auge zu behalten.

Klar ist wohl, dass sich neue Lebensentwürfe nicht innerhalb der Komfortzone entwickeln. Sie werden gedanklich vielleicht dort geboren, aber ganz sicher nicht realisiert. Dazu ist der Wechsel in die Lernzone nötig. Ohne eine gepflegte Portion Mut und die Bereitschaft, neue Erfahrungen zu sammeln, geht es nicht. Daher ist es wichtig, dass du für dich ein Lernfeld definierst, in dem du lernst, über bisherige Grenzen hinauszugehen und innere Widerstände zu überwinden. Es geht darum, in neuer Form aktiv zu werden und auf diese Weise die eigene Selbstwirksamkeit zu steigern oder auszudehnen.

Wer sich selbst vertraut, sich seiner Stärken, Ressourcen und Potenziale bewusst ist und imstande ist, sich selbst innerlich Halt zu geben, kann leichter in das »große Becken der Veränderung« springen und sich mutig darin fortbewegen. Dann kannst du große Kreise müheloser ziehen. Wer sich über sich selbst noch sehr im Unklaren ist, noch wenig Zutrauen in die eigenen Fähigkeiten und Möglichkeiten entwickelt hat und angesichts weitreichender Herausforderungen innerlich schnell ins Wanken gerät, schreckt vor »großen Gewässern« eher zurück und wagt sich nur peu à peu hinaus. Das ist in Ordnung. Es darf klein angefangen werden. Auf einen großen Schritt dürfen auch mal wieder kleinere folgen. Sogar für Ruhepausen und frustrierte Durchhänger ist Platz. Es wird nicht alles klappen und Erfolg bringen.

Wichtig ist, dass du dein Leben selbstbestimmt in die Hand nimmst und dich weiterentwickelst. Mit der Zeit, mit wachsendem Selbstbewusstsein und nach ersten Erfolgserlebnissen lassen sich dann auch größere Vorhaben und Projekte angehen und realisieren. Ich habe die Erfahrung gemacht, dass so irgendwann sogar Vorhaben in Angriff genommen werden, die lange Zeit für »unmöglich« gehalten und gefühlt »viel zu weit weg« erschienen. Aufgaben, die in die Panikzone fielen, beginnen dann in die Lernzone zu wandern. Es gilt also: Auch »Babysteps« können dich voranbringen. Mithilfe der folgenden Schritte kannst du nun deine Vorhaben in Angriff nehmen.

Schritt 1: Welche Entwicklungen oder Aufgaben sind mit deinem neuen Lebensentwurf verknüpft? Was musst du dazu aktiv unternehmen, lernen oder ausprobieren? Formuliere die Maßnahmen so konkret wie möglich.

....

....

Schritt 2: Schaue dir jetzt das 3-Sektoren-Modell auf der nächsten Seite an. Überlege, in welche Zone die einzelnen Maßnahmen, Schritte und Aufgaben fallen und überprüfe, in welchem Sektor du dich gemäß diesem Modell bewegst. Beschäftige dich mit den folgenden Fragen.

- Wie leicht fällt dir dieser Schritt, diese Aufgabe, diese Maßnahme beziehungsweise wie viel Stress oder Angst wird dadurch ausgelöst?
- Was bereitet dir kaum Mühe oder Schwierigkeiten und kann von sofort erledigt und umgesetzt werden?
- Welche weiteren Schritte und Aufgaben fallen dir zur Lernzone ein?
- Was fällt (momentan noch) in den Paniksektor?

Machbar, sofort erledigen, umsetzen, festigen

....

....

Lernen, üben, ausprobieren

....

....

Anvisieren, vielleicht zukünftig machen

....

....

Was würde dazu führen, dass du innerlich in den Paniksektor verfällst?

....

....

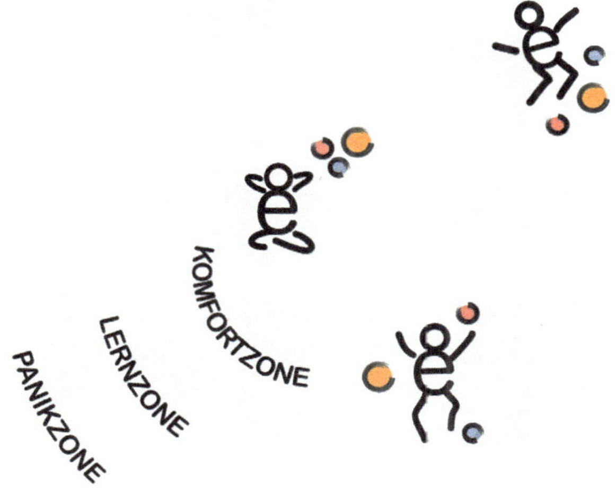

MACHBAR / SOFORT ERLEDIGEN / UMSETZEN / FESTIGEN

LERNEN / ÜBEN / AUSPROBIEREN

ANVISIEREN / VIELLEICHT ZUKÜNFTIG

Welche Aktivitäten oder Nichtaktivitäten binden dich in der Komfortzone?

....

....

....

Was sind verlässliche Anzeichen dafür, dass du dich nicht mehr im Lernsektor bewegst, sondern in einer der beiden anderen Sektoren?

Anzeichen für den Paniksektor:

....

....

Anzeichen für den Komfortsektor:

....

....

Ganz ehrlich: In welcher Verfassung befindest du dich momentan (psychisch, physisch, energetisch)? Wie stark kannst beziehungsweise willst du dich selbst in nächster Zeit fordern?

....

....

....

Was ist dein mutigstes Vorhaben?

Was motiviert dich?

Welche Zweifel oder Ängste willst du überwinden durch allmähliches »Hineinwachsen«?

Wie wirst du dich selbst vor Über-/Unterforderung schützen?

Way to Live

Einen neuen Lebensentwurf zu gestalten bedeutet, neue Wege zu wählen und zu gehen, anders als bisher zu handeln und auch anders zu denken und zu fühlen. Doch wie kannst du das schaffen? Wie gelangst du auf den neuen Weg? Wie gelingt die Loslösung vom Alten und Gewohnten? Was beinhaltet der neue Weg überhaupt? Auch Rückfälle und Rückschritte drohen! Wie gehst du mit dieser Gefahr um? Wie kannst du es schaffen, auf deinem Weg zu bleiben?

Damit beschäftigt sich diese Übung. Dabei kannst du ein ausgewähltes Problem oder eine unerquickliche Situation, die du in Zukunft nicht mehr erleben möchtest, gezielt unter die Lupe nehmen und überlegen, wie du dich in Zukunft systematisch – konkret, Schritt für Schritt anders – verhalten möchtest, um eine neue, gewünschte Erfahrung zu machen. Du entwirfst für dich Strategien und Methoden, um einen bestimmten, angestrebten Zustand zu erreichen. Du suchst nach einem Weg, der dir entspricht und dir innerlich ein Gefühl von Orientierung und Sicherheit gibt. Das Selbstvertrauen wird gestärkt. So kannst du ein positives Gefühl für die Zukunft entwickeln. Die Gestaltbarkeit des eigenen Wegs wird beleuchtet, ohne Herausforderndes und Komplexes auszublenden. Du kannst jetzt Schritt für Schritt einen neuen Weg entwerfen.

Schritt 1: Überlege dir dazu zunächst, was genau du in deinem Leben verändern möchtest. Welches Problem oder welche Situation möchtest du in Zukunft nicht mehr erleben? Was willst du grundsätzlich in deinem Leben nicht mehr oder zumindest nicht mehr so oft wie bisher erleben?

Schritt 2: Wenn du jetzt innerlich mit etwas Abstand und wie mit einem Vergrößerungsglas auf das Problem oder die Situation schaust, was fällt dir auf? Nimm dich selbst aus dieser Perspektive bitte auch ganz genau in den Blick und erkunde, was genau im Vorfeld passiert. Welche Schritte gingen voraus?

Frag dich also: Was passiert innerlich? Wie verhältst du dich? Was ist im Außen los? Wie sind die Umstände? Welche Dynamik oder Entwicklung erkennst du, bevor das Problem oder die Situation auftritt? Zeichne die einzelnen Schritte so gut es geht nach. Welche Gedanken und Gefühle tauchen auf?

BISHER

....

....

....

....

....

....

Schritt 3: Was ist aus deiner Sicht ein wichtiger, ein entscheidender »Schlüsselmoment«? An welchem Punkt handelst du nicht so, wie du gern würdest oder es dir entsprechen würde? In diesem Moment: Was denkst du? Was fühlst du? Was unternimmst du oder unternimmst du nicht?

....

....

....

....

....

Welche weiteren, typischen Verhaltensweisen kennst du in diesem Zusammenhang? Was machst du nahezu automatisch in Momenten wie diesem?

Schritt 4: Was würde dir helfen, in Zukunft in diesem Moment innerlich und äußerlich auf etwas anderes, Neues umzuswitchen? Was müsstest du eventuell lernen oder üben? Was wäre eine hilfreiche »Achtsamkeitsbrücke«?

Schritt 5: Was könntest du dann, nach diesem Moment, konkret anders machen? Welche neuen Fähigkeiten oder Handlungsalternativen fallen dir ein? Auch lustige, komische Ideen sind willkommen. Hauptsache – anders!

AB JETZT UND HIER.
IN DER SITUATION...

Schritt 6: Was wäre stimmig? Entscheide dich jetzt für einen neuen Weg. Beschreibe dann die dazugehörigen Maßnahmen und Schritte so detailliert wie möglich. (Zum Beispiel: Erst atme ich tief durch. Dann denke ich an ... Als nächstes ...) Gehe vor wie bei einer Wegbeschreibung oder Gebrauchsanweisung für eine fremde Person. Notiere jeden einzelnen Schritt.

Schritt 7: Wohin wird dich dieser Weg wahrscheinlich führen? Welche neue Situation wünschst du dir? Was wird im Vergleich zu vorher voraussichtlich neu oder anders sein?

Schritt 8: Überlege dir zum beschriebenen Weg gern noch eine Alternative, einen zweiten Weg, um flexibel zu sein. Wenn das nicht klappt, probiere ich … Schritt für Schritt.

Schritt 9: Was hilft dir, gerade zu Beginn, neue Wege zu gehen? Wie kannst du dich vorbereiten, selbst ermutigen und bestärken? Was kannst du tun, um dich leichter durchsetzen?

Schritt 10: Nicht immer klappt alles auf Anhieb im ersten Versuch. Manchmal geraten wir in blöde Situationen, auf Umwege oder erleiden Rückschritte. Deswegen überlege dir: Was ist deine Notfallmedizin? Dein Rettungsanker? Ich habe immer die Möglichkeit ...

WAS HILFT?

Schritt 11: Wie behältst du deine Lebensgestaltung dauerhaft im Auge? Was unternimmst du, um deinen Lebensentwurf und dein Ziele nicht aus den Augen zu verlieren?

Schritt 12: Wie findest du dieses Prinzip? Für welchen anderen Situationen oder Probleme könnte es hilfreich sein?

Mit dem Körper

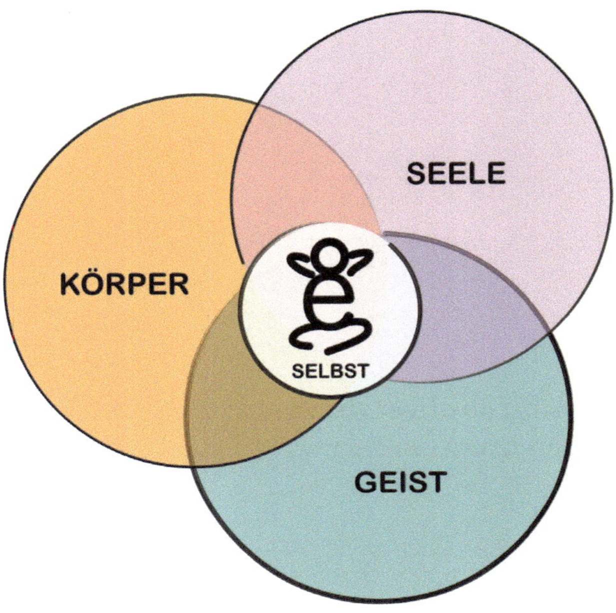

Beziehe unbedingt deinen Körper mit ein, wenn du an deinem Lebensentwurf arbeitest. Das Zusammenspiel von Körper, Psyche und Verhalten ist wissenschaftlich erwiesen. Es gibt mittlerweile eine Reihe von methodischen Ansätzen, die dieses Zusammenspiel nutzen, beispielsweise Körperpsychotherapie, Tanztherapie, Focusing, EMDR, Embodiment und andere mehr. Binde den Körper also bewusst in die Arbeit ein und lasse ihn – wo möglich – intelligent »mitwirken«. Vor allem für stark kopf- oder gefühlsbetonte Menschen ist diese Erfahrung wichtig. Da es wirklich möglich ist, die Psyche über den Körper zu steuern, ist die Hinzunahme der körperlichen Dimension für transformative Prozesse extrem nützlich und förderlich. So kannst du lernen, wie du dich in verschiedenen Situationen wirksam selbst regulieren, stabilisieren und stärken kannst. Die verschiedenen Körperübungen helfen dir Stressmomente aufzulösen, achtsam mit Gedanken und Gefühlen umzugehen und persönliche Veränderungen souverän anzugehen.

Schritt 1: Sieh dir die Abbildung mit den verschiedenen »Körpermoves« an.

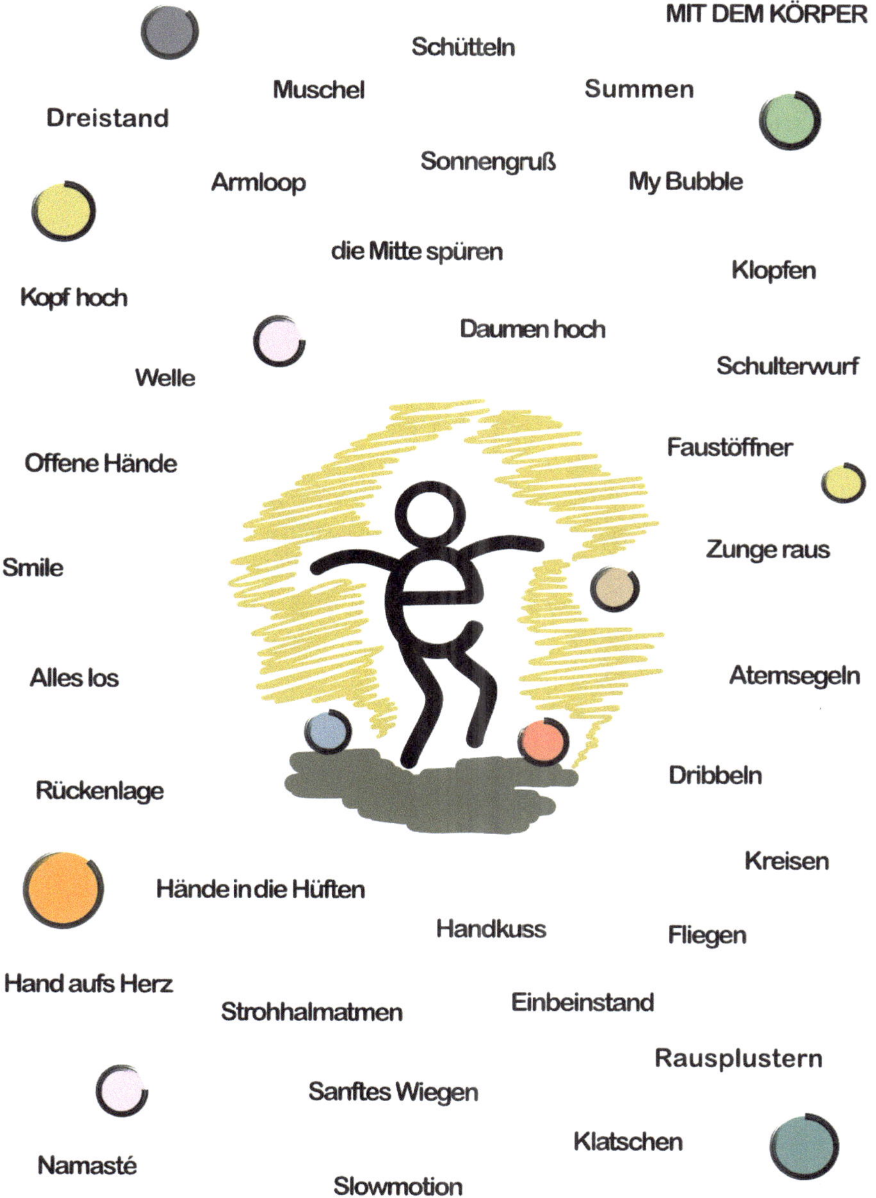

- *Lass alles los:* Spanne zunächst alle Körperteile, alle Muskeln in deinem Körper ganz stark an. Anschließend lass dann alles in der nächsten Sekunde komplett los und locker werden. Wiederhole die Übung mehrmals.
- *Rückenlage:* Lege dich flach auf den Boden, strecke Arme und Beine aus und lege die Hände mit der Innenseite nach oben geöffnet neben dich hin. Atme ruhig. Übe »empfangen«.
- *Atemsegeln:* Halte mit dem kleinen Finger das linke Nasenloch zu und atme durch das rechte Nasenloch ein. Wechsle dann die Seite und halte mit dem Daumen das rechte Nasenloch zu und atme durch das linke Nasenloch ein. Wiederhole die Übung und stelle dir vor, wie mit dem Atem ein kleines Boot bis zum Horizont pustest.
- *Smile:* Lass im Körperinneren einen imaginären Smiley erscheinen und diesen zusammen mit deiner Atmung immer größer werden. Du kannst dazu auch selbst lächeln.
- *Armloop:* Forme vor deinem Körper mit deinen Armen einen Kreis und lasse gedanklich Dinge hinein- oder herausfallen lassen. Was darf oder soll dir in deinem Leben jetzt zufallen? Was kann oder soll herausfallen?
- *My Bubble:* Stehe oder sitze aufrecht und breite die Arme rechts und links gerade neben dir aus. Stell dir vor, dass deine Arme deinen persönlichen Schutzraum markieren, wie eine Blase um dich herum. Überlege, welche nützliche Funktion die Blase haben kann (zum Beispiel Reize filtern, Worte abfedern, eigene Energie spüren).
- *Muschel:* Forme deine Hände zu einer Muschel. Öffne und schließe sie langsam. Wiederhole diese Bewegung. Alternativ kannst du auch die Arme oder den gesamten Körper hinzunehmen.
- *Dreistand:* Beuge dich mit deiner Vorderseite hinunter und stütze dich mit beiden Armen und beiden Knien auf dem Boden ab. Nimm dann einen Arm oder Fuß »weg« und beobachte deine Stabilität. Was heißt es, wie ist es, wenn eine Stütze wegfällt?
- *Schulterwurf:* Stehe aufrecht und lasse beide Arme mit geöffneten Händen neben dir nach unten hängen, sodass die Handinnenflächen nach vorn zeigen. Winkle dann einen der beiden Arme an und führe die Hand schwungvoll über die Schulter. Was brauchst du nicht mehr? Was lässt du hinter dir? Welche Gedanken oder Sorgen sind überflüssig? Wiederhole die Übung und wirf alles Überflüssige hinter dich, bis du dich erleichtert fühlst.

Schritt 2: Überlege nun:

- Welche »Moves« wären in deiner aktuellen Situation hilfreich?
- Welche Moves könnten dir helfen, mit bestimmten Herausforderungen leichter umzugehen?
- Mit welchen Moves könntest du manchen Gefühlen oder Gedanken sehr wirksam begegnen?
- Welchen Move könntest du dir als begleitendes, tägliches Ritual oder auch als »Notfallritual« vorstellen?

Wähle drei beziehungsweise maximal fünf Moves aus und kreise sie in der Abbildung ein.

Schritt 3: Probiere die Moves aus. Am besten wiederholst du jede Bewegung zwei- bis dreimal.

Schritt 4: Was hast du wahrgenommen? Welche Wirkung hat jeder einzelne Move? Wie verändert sich deine Stimmung, deine Haltung, dein Erleben …? Inwieweit verändert sich deine innere Einstellung zur Situation? Welche Gedanken oder Gefühle verändern sich? Notiere dir deine Erfahrungen:

....

....

....

....

....

....

....

....

Schritt 5: Wie möchtest du die Moves in nächster Zeit einsetzen? Wann beziehungsweise wozu eignet sich welcher Move?

Meine Moves für die Arbeit am Lebensentwurf:

Move	Wirkung	Anwendung

Tipp: Im »Mini-Handbuch Lebensentwürfe coachen« beschreibe ich weitere Methoden, die du nutzen kannst, um deinen neuen Lebensentwurf umzusetzen: Taskboard, Portfolio-Arbeit, To-do-Cluster, Gewohnheitstracker.

Phase 6: Erleben

Quick-Check

	trifft voll zu	trifft eher zu	trifft weni-ger zu	trifft nicht zu
Ich mag mein Leben, so wie es ist.				
Ich habe Zeit für die Dinge, die mir wichtig sind.				
In meinem Leben ist genügend Raum für Leichtigkeit und Unbeschwertheit.				
Ich gestalte mein sinnhaft.				
Im Allgemeinen sind mein Lebensgefühl und meine Lebenseinstellung positiv.				
Ich erlebe wesentlich mehr gute als schlechte Tage.				
Ich habe ausreichend Zeit für Erholung.				
Ich bin glücklich.				
Ich verwirkliche mich. Ich lebe mich.				
Ich habe eine gute Beziehung zu mir selbst.				
Ich bin optimistisch, wenn ich an die Zukunft denke.				

	trifft voll zu	trifft eher zu	trifft weni-ger zu	trifft nicht zu
Ich habe Ziele und Träume, die ich mir noch erfüllen möchte.				
Ich habe eine Zukunftsvision.				
Persönliche Entwicklung und Entfaltung sind mir wichtig.				
Ich werde öfter gefragt, wie ich es schaffe, so zu leben.				
Ich fühle mich in letzter Zeit oft erschöpft, körperlich und emotional.				
Ich bin überarbeitet.				
Es gibt Konflikte, die mich sehr stressen und belasten.				
Es gibt Fragen und Themen, die mich zurzeit sehr beschäftigen.				
Ich mache mir im Leben selbst zu viel Stress und Druck.				
Ich kümmere mich gut um meine psychische Gesundheit.				
Ich kümmere mich gut um meine körperliche Gesundheit.				
Ich lasse es mir auch im Alltag selbst regelmäßig gut gehen.				
Ich gestalte mein Leben achtsam.				
Es gibt ein paar Gewohnheiten, die ich gern ändern würde.				

	trifft voll zu	trifft eher zu	trifft weni-ger zu	trifft nicht zu
Ich kann ohne schlechtes Gewissen auch mal Dinge liegen lassen.				
Ich habe genug Zeit für mich selbst.				
Ich nehme mir regelmäßig Zeit für Schönes und Kreatives.				
Ich kann schöne Momente bewusst auskosten und genießen.				
Ich pflege tiefe und vertraute Beziehungen.				
Es gibt Menschen, die mich inspirieren und mit denen ich mich austauschen kann.				
Ich fühle mich dem Leben und dieser Welt zutiefst verbunden.				
Herausforderungen in meinem Leben kann und werde ich meistern.				
Schwierigkeiten und Unsicherheiten halten mich nicht davon ab, mein Leben zu genießen.				
Es gibt viele Momente in meinem Leben, auch in meinem Alltag, für ich dankbar bin.				
Mein Leben ist eine Bereicherung, nicht nur für mich, sondern auch für andere.				
Ich liebe mein Leben.				

Was wird dir bewusst, nachdem du den Quick-Check ausgefüllt hast?

....

....

Was ist für dich die wichtigste Erkenntnis?

....

....

Welche Qualität hat dein Leben?

....

....

Was lebst und erlebst du – hauptsächlich – in deinem Leben?

....

....

Wie ist in deinem Leben das Verhältnis von Gestalten und Erleben? Welchen Stellenwert hat das Erleben?

....

....

....

Was würdest du in puncto »Erleben« gern lernen, verändern oder verbessern?

....

....

Was sind für dich wichtige Erlebensräume oder -momente?

....

....

In einem Satz: Was erlebst du in deinem Leben? Was ist für dich persönlich die essenziellste Lebenserfahrung, deine tiefste Lebensweisheit, die du auch anderen Menschen vermittelst?

....

....

Was heißt Leben für dich? Fertige auch eine kleine Zeichnung an.

....

....

....

....

....

....

Leben erleben

Mit Erleben meine ich die Fähigkeit, sich und das eigene Leben bewusst wahrnehmen zu können. Aufmerksam, achtsam. Im besten Fall sogar genießend.

Es geht hierbei also um einen Zustand von Gegenwärtigkeit und Gewahrsein. Ganz bei sich und mit sich und dem eigenen Leben sein. Sich selbst wahrzunehmen, während das eigene Leben gestaltet wird, wahrzunehmen, wie es selbst gestaltet wird, sowie auch das Leben als Ganzes selbst wahrzunehmen, in seiner gegenwärtigen Form und Beschaffenheit – und das ohne eine innerliche »Überanalyse« der subjektiv wahrgenommenen Gefühle, Gedanken, Körperempfindungen und äußeren Eindrücke. Das verstehe ich unter Erleben. Das Leben bemerken, es fühlen, ihm innewerden, es anerkennen … und sich selbst darin, das ist Erleben.

Der Prozess basiert also auf einer geistigen Fähigkeit, die trainiert werden kann. Du kannst üben, das bewusste Gewahrsein in der Lebensgestaltung immer wieder aktiv einzusetzen und einzubinden. Du kannst das aufmerksame, achtsame Erleben zu einer guten, festen Gewohnheit machen und auf diese Weise dein Lebensgefühl und deine Lebensqualität beeinflussen. Mittlerweile gibt es ausreichend Studien darüber, die diesen positiven Zusammenhang belegen.

Wer sich erleben will, das eigene Leben erleben will, darf also üben, alles, was ist, wahrzunehmen – und diesen Moment möglichst bewusst auskosten und genießen. Ich nenne diesen Zustand gern: »Seelengleiten«. Leben, ohne sich zu sehr um sich und das Leben zu kümmern. Erlebtes bewusst auf sich und in sich wirken lassen, und das Gelebte und Erlebte in diesem Sinne würdigen. Diese Fähigkeit darf gestärkt werden.

Bei dieser Übung schenkst du dir selbst immer wieder bewusste Erlebenszeiten. Damit sind Zeiten gemeint, in denen du dich und dein Leben ganz gezielt bewusst wahrnimmst. Aufmerksam, achtsam, dem Leben zugewandt, jedoch ohne deine Wahrnehmung und das Erlebte innerlich zu »zerfühlen« oder zu »zerdenken«. Es geht bei dieser Übung ausschließlich darum, Gelebtes und Erlebtes frei wirken zu lassen und in seiner Form würdigen.

Überlege dazu zunächst bitte, welche Situationen sich gut eignen, um deine »Erlebensfähigkeit« zu stärken, und wann du dir selbst in nächster Zeit Erlebenszeiten schenken könntest beziehungsweise möchtest.

ERLEBENSMOMENTE & ERLEBENSZEITEN

Um in diesen Situationen in das Erleben zu kommen, also wirklich bewusst und aufmerksam wahrzunehmen, wie du lebst, wie du dein Leben gestaltest, was in dieses Leben alles einfließt und deine Fähigkeit zu »leben«, jetzt hier in diesem Moment vollkommen macht, entdeckst du folgende Möglichkeiten und Wege.

ERLEBEN
"TOOLS"

Was hilft dir persönlich, das Leben zu erleben?

Überlege zudem, wann du deine Fähigkeit zu erleben selbst blockierst oder sabotierst?

ERLEBENSKILLER

....

....

....

....

....

....

....

....

....

....

....

....

Wie nimmst du dir selbst wertvolle Zeiten, Räume und Gelegenheiten, das Leben zu erleben?

....

....

....

Was könntest du unternehmen, um innerlich und/oder äußerlich bessere Voraussetzungen oder Umstände zu schaffen? Was fällt dir ein, was könntest du tun, um öfter in den Zustand achtsamer Aufmerksamkeit zu kommen?

....

....

....

Abgesehen davon. Welches besondere Ritual oder welche besondere Gewohnheit könnest du dir vorstellen, um – allein oder mit anderen Menschen zusammen – dich und dein Leben, so wie es ist, bewusst zu schätzen und zu würdigen? Vielleicht sogar zu feiern und vollkommen zu genießen ... mit allen Aufs und Abs, Unstimmigkeiten oder Fragezeichen ... Was würde dich erfüllen oder dir Freude machen?

LEBEN ERLEBEN
"RITUAL"

....

....

....

....

....

....

....

....

Am besten probierst du es jetzt sofort aus. Und: Wie geht es dir damit?

Weniger »mehr«

Auf die Frage, wie sie ihr Leben augenblicklich wahrnehmen und empfinden, wählen viele Begriffe wie »zu viel« oder »zu wenig«, und »weniger« oder »mehr«. Sie deuten damit also auf eine gewisse Unausgewogenheit, eine Unverhältnismäßigkeit hin beziehungsweise auf eine Abweichung von einem Zustand, den sie eigentlich anstreben oder sich erhoffen.

Beobachte dich einmal selbst. Du kannst dieses Denk- beziehungsweise Sprachmuster nutzen, um eigene Bedürfnisse konkret herauszuarbeiten. Im nächsten Schritt kannst du überlegen, was aktiv zu tun wäre, um Ausgeglichenheit oder Stabilität an einem bestimmten Punkt zu erreichen. Die Übung hilft dir, frühzeitig und anders als bisher auf bestimmte Bedürfnisse zu reagieren.

Überlege einmal: Wo erlebst du in deinem Leben, in deiner Lebensgestaltung »zu viel« oder »zu wenig«? In welchen Situationen wünschst du dir ganz klar ein »Mehr« oder ein »Weniger«? Notiere alle deine Einfälle.

....

....

....

Lasse die Situationen auf dich wirken.

Um welche Themen geht es hier?

....

....

....

Welche persönlichen Bedürfnisse erkennst du?

Mein Bedürfnis: ....

....

Mein Bedürfnis: ....

....

Mein Bedürfnis: ....

....

Nun denk einmal an ähnliche Situationen, in denen innerlich »mehr« oder weniger« nicht auftaucht. Was ist in diesen »Alles-im-Lot«-Momenten anders?

....

....

....

Wie verhältst du dich in diesen Momenten? Oder was hast du vielleicht im Vorfeld proaktiv anders gemacht, damit sich innerlich und/oder äußerlich gar kein Ungleichgewicht einstellt?

....

....

....

....

Welche Fähigkeiten und welches Verhalten wären tatsächlich notwendig oder hilfreich, um in bestimmten Lebenssituationen in einen ausgeglichenen Zustand zu kommen? Was könntest du verändern oder tun, innerlich wie äußerlich? Lass uns einmal genauer hinschauen.

Wähle eine »Zu-viel«-Situation aus, die dich immer öfter stresst und gedanklich oder emotional anstrengt. Schreibe sie auf die linke Seite der Wippe und erkläre, was genau dieses erlebte »zu viel« ausmacht, innerlich wie äußerlich (Gedanken, Umstände, Trigger, Verhalten). Notiere dann auf der rechten Seite, wie du dem konkret entgegenwirken könntest oder was du in Zukunft stärker Aufmerksamkeit und Gewicht verleihen könntest, um eine Balance zu erreichen.

Anmerkung: Notiere hier bitte nur, was du selbst beeinflussen und unternehmen kannst.

Wenn du möchtest, kannst du auf diese Weise nun noch zwei weitere »Zu-viel«-Situationen durchgehen und neu ausgestalten.

ZU VIEL...

KONKRET
innerlich / äußerlich

AB SOFORT...

KONKRET
innerlich / äußerlich

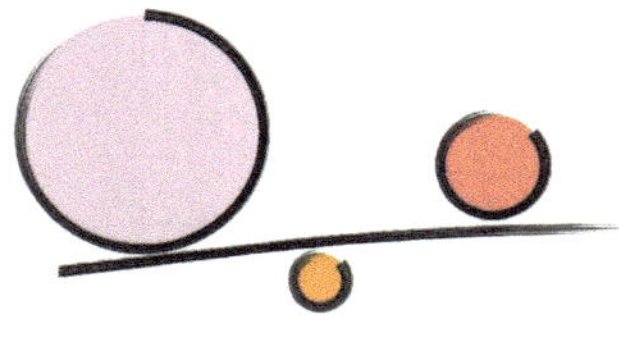

ZU VIEL...

KONKRET
innerlich / äußerlich

AB SOFORT...

KONKRET
innerlich / äußerlich

Fasse noch einmal kurz zusammen, wie du selbst teils mit dafür gesorgt hast, dass in deinem Leben manches »zu viel« geworden ist und anderes zu wenig Raum und Gewicht erhalten hat.

....

....

....

Welches Motto oder welche Vorstellung könnte dir helfen, um jetzt und in Zukunft ausgeglichener zu leben? Bitte hier notieren, in großen, fetten Buchstaben!

....

....

....

Tipp: Nicht immer kann und muss es im Leben ausgeglichen zugehen. Manchmal sind Situationen nicht zu ändern oder wir haben temporär keinen großen Gestaltungsspielraum. In solchen Fällen kann es schon genügen, sich dies bewusst zu machen und in eine annehmende Haltung zu gehen. Bleibt die Situation aber auf Dauer weiter extrem belastend, steht wahrscheinlich eine wegweisende Entscheidung, eine grundsätzliche Neuausrichtung an.

Enjoying

Keine Zeit das Leben zu genießen ... Leben, ohne wirklich zu leben ... Das ist häufig ein Thema, das ich beim Coachen von Lebensentwürfen erlebe. Doch wobei geht es hier konkret? Zum einen geht es um die Lebensgestaltung selbst, also darum, Zeit möglichst nicht unsinnig zu verschwenden und im Leben die richtigen Dinge tun. Einen klugen Umgang mit sich und eigenen Bedürfnissen, Gedanken und Gefühlen. Zum anderen geht es um Achtsamkeit, also das bewusste Erleben, Wahrnehmen und Würdigen dessen, was wir im eigenen Leben unternehmen und verwirklichen. Besonders: intensive Gefühle, erfüllte Momente, tiefgreifende Erlebnisse, denkwürdige Ereignisse, bedeutsame »Lebenserlebnisse«. Ferner ist das Lebenstempo relevant, also die Geschwindigkeit, mit der wir uns und unser Leben steuern. Anders gesagt, die Zeit, die wir uns selbst geben, um bestimmte Dinge wahrzunehmen und zu verinnerlichen beziehungsweise auszuführen.

Planen für die Zukunft und Leben in der Gegenwart – beides stellt zusammen genommen also eine Herausforderung dar. Wird die Zukunftsperspektive zu stark betont, wird also spontanes und lustvolles Erleben in der Gegenwart immer wieder hintenan gestellt, zugunsten positiver Gewinne oder aussichtsreicher Erfolge zu späterer Zeit, wird das eigene Lebensgefühl stark strapaziert. Ebenso entsteht innere Unzufriedenheit, wenn die Gegenwartsperspektive zu dominant wird und Lebensgestaltung sich nur darauf beschränkt, jedes Bedürfnis unmittelbar zu befriedigen und darüber hinaus keine höheren Ziele mehr zu verfolgen. Hetzen wir von einer Aufgabe zur anderen oder kommt es im Leben innerlich und/oder äußerlich zur Erlahmung, wird das Leben ebenfalls anstrengend. Aufmerksame Selbstbeobachtung und Selbstinstruktion sind vonnöten.

Erlebensfreude, wie ich es gern nenne, entsteht, wenn das eigene Lebens balancevoll und bewusst gestaltet wird und diese Qualität persönlich spürbar wird. Lebensgenuss ist letztlich nichts anderes als eine zufriedene Wahrnehmung des Lebens und des Selbst.

Wie kannst du dir dafür – regelmäßig und auch im Alltag – Räume schaffen? Was können du für eine gute Balance tun, um dein Leben zukünftig mehr zu genießen? Dabei hilft dir die folgende Übung.

Bei dieser Übung geht es um Lebensfreude und -genuss. Die Sätze sollen dich überraschen. Lies sie dir also bitte nicht schon im Vorfeld durch. Am besten lässt du sie dir vorlesen. Dann musst du auch nicht selbst auf die Zeit achten und kannst dich voll auf die Beantwortung konzentrieren.

Du hast pro Satz maximal 60 Sekunden Zeit zur Beantwortung. Antworte intuitiv und notiere zügig alle spontanen Ideen oder Einfälle, später kannst du die Ergebnisse hier im Logbuch festhalten. Es geht nicht um Vollständigkeit. – Bist du bereit? Dann geht es los ...

Das Leben genießen bedeutet für mich ... (60 Sekunden)

....

....

....

Wenn ich eine Minute hätte, um mein Leben zu genießen, würde ich ...
(60 Sekunden)

....

....

....

Wenn ich eine Stunde hätte, um mein Leben zu genießen, würde ich ... (60 Sekunden)

....

....

....

Wenn ich einen Tag oder eine Nacht hätte, würde ich ... (60 Sekunden)

....

....

....

Wenn ich Wochen hätte, mein Leben zu genießen, würde ich ... (60 Sekunden)

....

....

....

Wenn Zeit keine Rolle spielen würde, würde ich ... (60 Sekunden)

....

....

....

Beantworte anschließend – ganz in Ruhe – die folgenden Fragen.

Was ist dir klar geworden? Was ist wichtig?

....

....

Was hält dich manchmal davon ab, dein Leben frei und freudvoll zu gestalten?

....

....

Was müsstest du lernen oder tun, um es zu können?

....

....

Was willst du aktiv verändern?

....

....

Wobei benötigst du eventuell noch Unterstützung (zum Beispiel Auflösen von Ängsten oder Widerständen)?

....

....

Fülle spüren

Diese Übung befindet sich in den Online-Materialien. Spiele die Audiodatei »Fülle spüren« ab und beantworte anschließend die folgenden Fragen.

Wie geht es dir nach dieser Übung? Was hast du bemerkt oder wahrgenommen?

....

....

Was hat dich am meisten überrascht, berührt, bewegt?

....

....

Wie denkst du jetzt, nach dieser Übung, über dein Leben? Wie erlebst du es?

....

....

Wofür bist du jetzt, hier, heute besonders dankbar?

....

....

Teil 3:
Anhang

Online-Materialien

Einige weitere Übungen sowie Vorlagen zum Bearbeiten erhältst du zum Ausdrucken und Bearbeiten bei den Online-Materialien auf der Homepage des Beltz Verlags beltz.de direkt beim Mini-Handbuch. Auch einige Audiodateien zu den Übungen kannst du dir dort anhören.

Bitte gib folgendes Passwort ein:
LB6Edr+3
(Groß- und Kleinschreibung bitte beachten!)

Hier eine Übersicht zu den Online-Materialien:

- Phasen des 6E-Modells
- Die Übungen
  - Growth und Fixed Mindset
  - Selbstblick
  - Let in and let go
  - Inner Journey (ausführliche Fassung)
  - Reinvent, recreate!
  - Zukunftsentwurf
  - Ich in Veränderung
  - 360-Grad-Reflexionen
  - Fülle spüren
- Vorlagen und Beispiele
- Selbst-Check für Coaches
- Audiodateien

Über die Autorin

Denise Ritter ist Therapeutin (HPG), Coach, Autorin und Künstlerin und lebt mit ihrem Mann und ihren zwei Kindern in der Nähe von München. Sie ist Expertin für dynamische Lebensentwürfe, die Begründerin von Urbanes Coaching® und Erfinderin des Mobile of Life®. Seit über zehn Jahren begleitet sie Menschen dabei, sich und ihr Leben neu auszurichten, individuelle Lebensentwürfe zu verwirklichen und – ganz wichtig – in allen Bereichen des Lebens immer wieder die Balance zu finden!

Im therapeutischen Coaching klärt Denise Ritter alle Fragen und Themen, die die individuelle Lebensgestaltung jetzt und in Zukunft betreffen. Daraus erwachsen wegweisende Entscheidungen, neue Gestaltungsräume und Perspektiven.

Natur und Urbanes, Kreatives und Feinfühligkeit – das alles verbindet Denise Ritter. Ihr Wissen und ihre Erfahrungen lässt sie in Workshops, Weiterbildungen für Professionals, Podcasts und Blogs einfließen. Sie schafft Raum für persönliche Transformation und Durchbrüche, in beruflichen, zwischenmenschlichen oder persönlichen Fragen.

Als Künstlerin verarbeitet, reflektiert und spiegelt sie das Lebensgefühl vieler Menschen, am liebsten in großformatigen, abstrakten Werken. In ihren Ausstellungen kommen Stadt- und Landmenschen sowie interessierte Coachingklienten zusammen.

Literaturempfehlungen

Arnet, Felix Maria (2018): Brutal gescheitert. Gabal.

Bauer, Joachim (2018): Wie wir werden, wer wir sind. Blessing.

Berndt, Christina (2020): Resilienz und Individuation. Sondereinband. dtv.

Berzbach, Frank (2015): Die Kunst ein kreatives Leben zu führen. Anregung zu Achtsamkeit. 7. Auflage. Herrmann Schmidt.

Brake, David B. (2017): Narrative Coaching. CNC Press.

Burnan, Bill/Evans, Dave (2017): Designing your Life. Random House. Callesen, Pia (2020): Lebe mehr, grüble weniger. Beltz.

Denborough, David (2017): Geschichten des Lebens neu gestalten. Vandenhoeck & Ruprecht.

Dobelli, Rolf/EL Bocho (2017): Die Kunst des guten Lebens: 52 überraschende Wege zum Glück. Piper.

Dweck, Carol S. (2017): Mindset. Changing the Way you think to fulfill your Potential. Robinson.

Earley, Jay (2014): Meine innere Welt verstehen. Kösel.

Engelhardt, Marc (2014): Völlig utopisch: 17 Beispiele einer besseren Welt. Kindle Edition.

Eisenstein, Charles (2017): Die schöne Welt, die unser Herz kennt, ist möglich. Scorpio.

Fahrenberg, Jochen/Myrtek, Michael/Schumacher, Jörg/Brähler, Elmar (2001): Fragebogen zur Lebenszufriedenheit (FLZ). Hogrefe.

Erikson, E. H. (1980): Identität im Lebenszyklus. Suhrkamp.

Etrillard, Stephane (2017): Wenn ich weiß, wer ich bin, kann ich sein, wie ich möchte. Goldegg.

Faltermaier, Mayring, Saup, Strehmel (2002): Entwicklungspsychologie des Erwachsenenalters.

Fredrickson, Barbara L (2009): Die Macht der guten Gefühle. Wie eine positive Haltung Ihr Leben dauerhaft verändert. Campus.

Frieder R. Lang, Mike Martin, Martin Pingquart (2012): Entwicklungspsychologie. Erwachsenenalter. Hogrefe.

Gilbert, Elizabeth: Big magic. Nimm dein Leben in die Hand und es wird dir gelingen. Fischer.

Gräb, Wilhelm (2000): Lebensgeschichten, Lebensentwürfe, Sinndeutungen. Gütersloher Verlagshaus.

Green, Christopher, D. (2020): Classics in the History of Psychology. Journal of Comparative Neurology and Psychology, *18*, S. 459–482. http://psych classics.yorku.ca/Yerkes/Law/

Grout, Pam (2015): Wie Ihre Gedanken Ihre Welt verändern. Allegria. Grout, Pam (2018): Entfessele deine Kreativität. 52 Projekte für ein kreatives Leben. Irisiana.
Grün, Anselm (2006): Gescheitert, Deine Chance. VierTürme.
Grün, Anselm/Robben, Ramona (2003): Gescheitert! Wenn Lebensentwürfe zerbrechen. Münsterschwarzacher Kleinschriften
Hammer, Matthias (2019): Micro Habits. Wie Sie schädliche Gewohnheiten stoppen und gute etablieren. mvg.
Heintze, Anne (2020): Urvertrauen. Wie du Heimat findest in dir selbst. GU. Heintze, Anne (2016): Auf viele Arten anders: Die vielbegabte Scanner-Persönlichkeit. Leben als kreatives Multitalent. Ariston.
Horx, Matthias (2015): Zukunft wagen. Über den klugen Umgang mit dem Unvorhersehbaren. Pantheon.
Jiang, Jia (2015): Rejection Proof. How I beat fear and became invincible through 100days of rejection. Harmony.
Kaltenbrunner, Robert/Jakubowski, Peter (2018): Die Stadt der Zukunft: Wie wir leben wollen. Aufbau.
Knapp, Natalie (2013): Kompass neues Denken (2013). Rowohlt.
Kroger, Jane (2015): Identity development through adulthood: The move toward »wholeness«. S. 65–80. In: McLean, K. C./Syed, M. (Hrsg.) (2015):
Ludwig, Petr/Kubin, Petra/Bogner, Gernot (2019): Schluss mit Prokrastination. Wie man aufhört zu verschieben und anfängt zu leben. Redline.
Vignoles, V. L. (Hrsg.), Handbook of identity theory and research, vol. 1. (S. 99–116). Springer.
Mc Gonigal, Jane (2016): Superbetter. Harper Collins.
Meyer, Hermann (2010): Lebensmuster erkennen und wandeln. Goldmann.
Mertens, Sabine (2014): Wie Zeichnen im Coaching neue Perspektiven eröffnet. Beltz.
Migge, Björn (2016): Sinnorientiertes Coaching. Beltz.
Mikkelsen, Kenneth; Martin, Richard: (2019): The Neo-Generalist: Where You Go is Who You are. LID Publishing.
Oerter, Rolf/Montada, Leo (Hrsg.) (2002): Entwicklungspsychologie. 5. Auflage. Beltz.
Pink, Daniel H. (2009): Drive: The Surprising Truth About What Motivates Us.
Prieß, Mirriam (2018): Zeit für einen Spurwechsel. Wie wir aufhören uns selbst zu blockieren und dem Leben eine neue Richtung geben. Südwest.
Reichhart, Tatjana (2019): Das Prinzip Selbstfürsorge. Kösel.
Reichhart, Tatjana, Pusch, Claudia (2022): Selbstbestimmt. Wie wir mit Erwartungen umgehen und ein authentisches Leben führen. Kösel.
Riemann, Fritz (2019): Grundformen der Angst. Reinhardt.
Ritter, Denise (2020): 75 Coachingkarten Den eigenen Lebensentwurf gestalten. Beltz.

Ritter, Denise (2021): Mini-Handbuch Lebensentwürfe coachen. Beltz.

Ritter, Denise: Das Mobile of Life®: Arbeiten mit Narrativ und Lebensentwurf. In: Schreiber, Marc (Hrsg.) (2022): Narrative Ansätze in Beratung und Coaching. Springer. (bitte Schriften anpassen).

Satir, Virginia (2020): Meine vielen Gesichter: Wer bin ich wirklich? Kösel.

Schmeer, Gisela (2019): Krisen auf dem Lebensweg. Psychoanalytisch-systemische Kunsttherapie. 2. Auflage. Leben Lernen.

Schmidt, Gunter (2004): Konferenzen mit der inneren Familie und deren hypnotische Wirkungen. Auditorium.

Schulz von Thun, Friedemann/Stegemann, Wibke (Hrsg.) (2012): Das Innere Team in Aktion. Praktische Arbeit mit dem Modell. 6. Auflage. Rowohlt.

Schwartz, Richard (2011): Das System der inneren Familie. Ein Weg zu mehr Selbstführung. BoD.

Seiffge-Krenke, Inge (2017): Widerstand, Abwehr und Bewältigung. Vandenhoeck & Ruprecht.

Sher, Barbara (2011): Ich könnte alles tun, wenn ich nur wüsste, was ich will. dtv.

Sieberichs, Monika (2018): Krisen? Geil. Mutmacher Media.

Sinek, Simon (2018): Finde dein Warum: Der praktische Wegweiser zu deiner wahren Bestimmung. Redline.

Storch, Maja (2016): Machen Sie doch, was Sie wollen. Wie ein Strudelwurm den Weg zu Zufriedenheit und Freiheit zeigt. Hogrefe.

Taleb, Nicholas Nassim: (2013): Antifragilität: Anleitung für eine Welt, die wir nicht verstehen. Knaus.

Thomashoff, HansOtto (2017): Das gelungene Ich: Die vier Säulen der Hirnforschung für ein erfülltes Leben. Ariston.

Tugend, Alina (2011): Tiptoeing oot of one's comfort zone (and of course, back in). New York Times. https://www.nytimes.com/2011/02/12/your money/12shortcuts.html?auth=login-email&login=email

Veenhoven, Ruut (2015) What we have learned about happiness. Classic calms in the light of recent research. Social Indicators Research, vol. 60. In: Michalos, Alex C.: A Live Devoted to Quality of Life.

Veenhoven, Ruut (2000): The four qualities of life: Ordering concepts and measures of good life. Journal of Happiness Studies, 1:39.

Vogel, Rebecca (2020): Erzähl dein Leben neu. Wie Storytelling dir zeigt, wer du wirklich bist. Knaur.

Walsch, Neale Donald/Kahn-Ackermann, Susanne (2013): Wenn alles sich verändert, verändere alles. Goldmann.

Walsch, Neale Donald (2003). Erschaffe dich neu. Goldmann.

Wery von Limont, Sabine (2018): Das geheime Leben der Seele. Mosaik. Whitbourne, Susan Krauss/Weinstock,

Wildt, Bert te/Schiele, Timo: Burn On (2021): Immer kurz vorm Burn Out. Droemer.

Ziolkowski, Silvia (2016): Bau Dir Deine Zukunft. Springer.

Zobel, Franziska Viviane (2019): Stell dir vor, die Zukunft wird wundervoll und du bist schuld daran. Komplett Media.

Letzte Seite

Mein Entwurf ist …
Mein Entwurf lebt.

Ich danke meinem Mann,
meinen Kindern,
meiner Familie
und meinen Freunden,
die mich auf meinem Weg
liebevoll begleiten
und unterstützen.

Und ich danke dir,
wenn du mutig lebst,
in dieser Zeit.

Dein Leben ist wertvoll.

Lebe es.